3D健身

让运动重塑你的身体

[芬] 托米·帕沃拉
[芬] 艾萨·张
◎著

江苏凤凰科学技术出版社 · 南京

图书在版编目（CIP）数据

3D 健身　让运动重塑你的身体 /（芬）托米·帕沃拉，（芬）艾萨·张著. -- 南京：江苏凤凰科学技术出版社，2023.4

ISBN 978-7-5713-2866-5

Ⅰ. ① 3… Ⅱ. ①托… ②艾… Ⅲ. ①健身运动 Ⅳ. ① G883

中国版本图书馆 CIP 数据核字 (2022) 第 050081 号

3D 健身　让运动重塑你的身体

著　　者　[芬] 托米·帕沃拉　[芬] 艾萨·张
责任编辑　倪　敏
责任校对　仲　敏
责任监制　方　晨

出版发行　江苏凤凰科学技术出版社
出版社地址　南京市湖南路 1 号 A 楼，邮编：210009
出版社网址　http://www.pspress.cn
印　　刷　佛山市华禹彩印有限公司

开　　本　718 mm × 1000 mm　1/16
印　　张　14.5
字　　数　160 000
版　　次　2023 年 4 月第 1 版
印　　次　2023 年 4 月第 1 次印刷

标准书号　ISBN 978-7-5713-2866-5
定　　价　68.00 元

序言

锻炼是一种选择，而运动不是

以前，我们从来没有这么多关于锻炼的消息，也没有这么多人运动量不够。现在，环视一下，在你的住所附近，你就能发现很多健身场所（健身房和健身设施）。即便这样，不管是成年人还是青少年，很多人的身体素质和体能都在不断地下降。从来没有哪个时代有那么多人致力康复和物理治疗，然而，肌肉和骨骼系统的损伤和疾病发生率却一直居高不下。我相信，你也一定注意到了类似的问题，我们的现代社会已经到了这样一个阶段，人类运动和体育活动的本质以及特征需要重新被审视，也希望能重新被发现。

锻炼不能解决我们身体面临的根本问题。我不是说锻炼不好，恰恰相反，锻炼很好！就像吃蔬菜对你有好处一样，但是不能指望吃一大堆蔬菜就让你的身体保持健康。同样地，体育锻炼是运动的一部分，正如蔬菜只是人体所需营养来源的一部分。我们需要改变对运动的看法，以便找到一种能让我们动得更好、动得更多的方法。更好地运动也就意味着有目的、精确、高效地运动。换句话说，我们应当有效地、有技巧地实现我们的目标，同时科学地管理我们的精力、时间和空间。另一方面，多运动意味着增加运动的数量和频率，让世界成为我们的健身房，让我们的生活成为一场持续不断的“游戏”，每天都有无限的机会。

这真的是解决办法吗？一边做饭一边跳着去查看邮箱？嗯，是，又不是。自由运动无疑是其中非常重要的一部分，但它仍然是有规律的。正如创造和自由是有规律和边界的。规律就是保障我们通过体育运动，可以提高身体素质。当然，任何值得实现的目标或目的都需要努力、自律和毅力。我们能让这个过程变得有价值、令人兴奋和充满力量吗？我相信我们可以。

作为这趟旅程中的第一个任务，我想让你思考白天你做的那些动作：从早上睁眼到晚上闭眼，你都经历了哪些运动？哪些运动你重复得最多？哪些最具挑战性？哪些又是完全不费力的？这一天你过得怎么样？有你喜欢且让你开心的运动吗？是否有一些令人讨厌的动作是你想要尽可能避免的？

就像人类运动的本质是“解决问题”一样，训练具有不同需求和能力的个体是一个提出问题并寻找解决方案的过程。每个动作都是独一无二的，每个人和他们的处境也是独一无二的。无论是孩子、家庭主妇、截瘫患者还是优秀运动员，他们都呈现出独特的情况。因此，需要独特的计划和方法。我曾有机会与一些在他们所从事的运动项目中堪称最优秀的运动员一起工作，他们中没有一个是“机器”——他们每一个人都需要一个定制的、个性化的“人类”训练解决方案。

过去十年对我来说是一个学习和教学、训练和指导、系统化和简化、感觉和感知运动的紧张时期，它也是为我下一个挑战和任务做准备和测试的时间。

本书所遵循的核心理论——“3-6-8”训练系统

本书的主题为3D健身，这样表述并不全面，全书中所有的练习实际上是基于“3-6-8”训练系统，只是，我们认为“3D”这个词大家听起来可能更易于认识，而且不会显得那么专业和复杂。

维基百科对“系统”的定义是“一系列规则”或“一套有序排列的方法”。我认为系统在其最佳状态下应该具有创造性，并且应该允许在一定范围内进行调节，最差的情况也必须严格地遵循规则。我们基于一系列原则对人体运动系统进行改进，这些原则让我们在提供基本的且尽量简化的训练方法的同时，为用户提供了个性化训练。本书虽然针对的是普通人的运动提升，但所遵循的也是这样一套原则。

什么是“3-6-8”训练系统

“3-6-8”训练系统是基于人体解剖学的一种训练和运动方法。它认为身体活动是一种由中枢神经系统控制的各个器官紧密协作的工作方式。我们的身体是如何运动的？我们如何才能在实践中理解身体的运动方式，并在训练中充分运用我们所掌握的这些知识？

“3”是指人体的运动在三个维度上进行，分别是矢状面（前后运动）、正面（左右运动）和横断面（左右旋转）。当运动发生在三个维度时，包

3 个维度

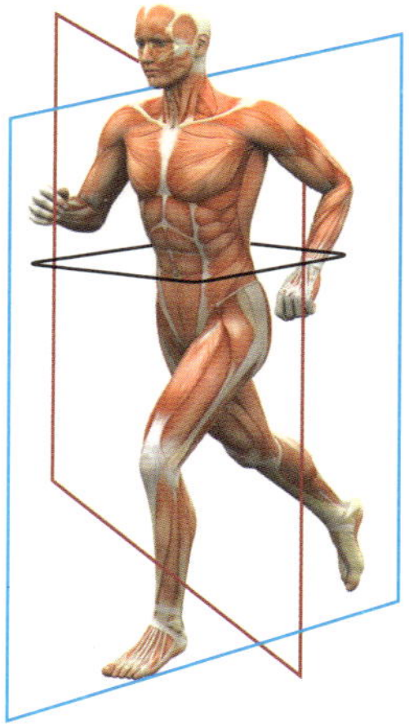

6 个部位

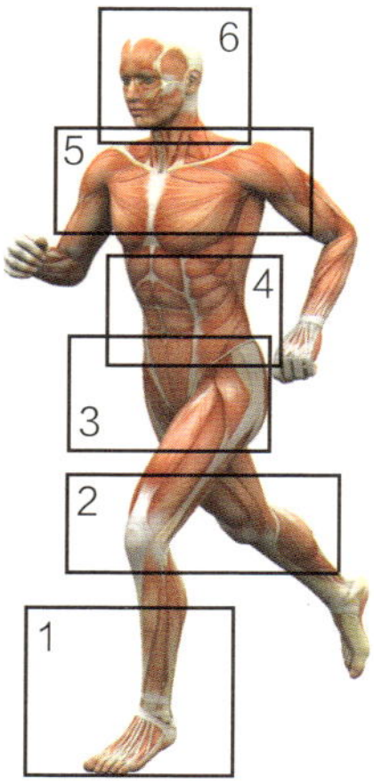

8 条运动链

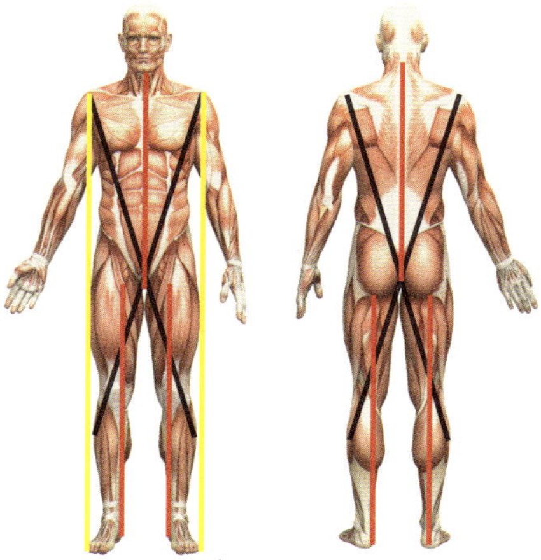

括关节和肌肉在内的整个身体也在这三个维度上进行相应的活动。身体要响应多个维度的外部环境，我们的运动程序也必须适应这一点。如果我们忽视了这一点，必定导致各个部位功能灵活性和力量性的丧失。保持所有平面和方向的运动能够帮助我们在运动和生活中维持并提高身体的各项功能。不可否认，运动和生活都是在三维空间进行的。

本书将为你提供多种基于 3D 原则的在家锻炼方法。

“6”是指身体的六个解剖学部位。它们垂直排列并相互堆叠，通过骨骼、肌肉、韧带、筋膜以及神经和循环系统连接。身体的这六个主要部位分别是：

- ⊙ 脚和脚踝
- ⊙ 膝
- ⊙ 髋
- ⊙ 腰椎（下背部）
- ⊙ 胸椎（中背部）
- ⊙ 颈椎（颈部）

人体共有 600 多块肌肉，我们可以通过活动上述六个身体部位来调动所有的肌肉。我们可以通过关节运动让与之相连的肌肉随之进行运动。这六个身体部位分别由不同的关节所组成，可以完成同一个任务。我们的训练方式基于对每个“队员”的需要和能力，以及它们之间的团队合作认识。这是与其他大多数锻炼方法的不同之处。

“8”代表八条运动路线或模式。人体综合运动系统通常通过这些运动路线对环境进行响应。这些运动路线从脚趾到手指尖，贯穿全身。正如“3”所代表的三维空间，它们也出现在三个维度和方向上。身体可以向前后、左右弯曲，可以向左右旋转。这些运动路线构成了身体运动的主要“高速公路”。人体的解剖学结构为我们标识出由肌肉、韧带以及筋膜组成的这些“运动高速公路”。我们总共命名了包括身体前后左右在内的八条运动路线。它们分别为：

⊙ 前链

⊙ 后链

⊙ 左侧链

⊙ 右侧链

⊙ 对角线前链 1（左下至右上）

⊙ 对角线前链 2（右下到左上）

⊙ 对角线后链 1（左下至右上）

⊙ 对角线后链 2（右下到左上）

人体解剖学表明：旋转运动路线是人体路线图上最繁忙和使用最频繁的运动路径。身体中最强壮的肌肉和关节都与旋转运动相关。这表明它在人体运动中具有至关重要的作用。事实上，包括步行和跑步在内的所有人体基本驱动型运动都是一种旋转运动。但在你之前的锻炼中包括了多少旋转路径呢？有可能之前的锻炼在这方面真的不够，尤其是假如这些锻炼仅仅是在普通健身房的健身器材上进行。这仅仅只是一个例子，说明人们通常的运动或日常生活中的运动习惯并不能真正支持并改善我们的器官功能。

虽然本书中在写到具体运动时并没有一再强调“3-6-8”训练系统的概念，但它是贯穿全书的，可以说，从热身运动开始，到运动链的训练，都遵循着这个理论。就拿最简单的下楼梯动作来看，当我们稍稍改变一下日常下楼梯的方式（足尖向前，双腿交替下楼），比如，侧身下楼、一次下 2 个台阶等。仅仅是改善了行走方式，就能使足部及踝关节在三个维度上的运动能力、稳定性以及力量得到训练。

“好的”与“坏的”锻炼方式

很多人认为有“好的”和“坏的”锻炼方式，但我认为不能以这种简单的方式来划分。在判断某件事的对错之前，我们必须更多地了解运动的目标、运动者的能力、局限性以及其他个人因素。在选择锻炼方式或制定锻炼计划之前，我们必须了解为什么要锻炼，具体的目标是什么，然后再选择适当的锻炼方法和计划。

为什么要这样做，以及如何选择？它们之间有着怎样的关联呢？

看一看下面的选项，你会怎么选？

1. 我运动唯一的目标是拥有美丽的外表，并不在乎健康、身体能力和表现是否有所提高。

2. 我的目标主要是拥有外表的美感，同时也希望得到健康的身体和高超的运动能力。

3. 我的主要目标是拥有健康的身体和强壮的体魄，同时也希望以此带来的健康体型。

4. 我的目标是拥有健康的身体和强壮的体魄，而非美丽的外表。

你会发现这些选项的区别在于各个运动目标的优先级有所不同。你可能有许多运动目标，但其中一些对你来说比其他的更重要。如果你选择了选项 1，本书中提供的锻炼方式将会对你有所帮助，但可能不是让你到达目标的最快途径。为了拥有更加健美的外表，你可能需要以牺牲健康或运动能力为代价。如果你更看重健康、体能和运动能力，那么本书所提供的锻炼方法可能更加适合你。无论你选择了 2、3 还是 4，你都将能够根据你的具体目标定制最恰当的锻炼计划。比如我自己选择了 3，我最想拥有的是健康的身体和强壮的体魄，但同时也非常高兴地看到运动帮助我锻炼肌肉，让我能够穿上牛仔裤并且可以跟孩子们一起在足球场上开心地奔跑。

许多训练方法和运动环境并不能真实地反映人体在运动中的能力。它们被设置成单一的目标，并且让运动受到局限。将其作为训练的一部分没有问题，但千万不要受到它们的禁锢。

什么才是最适合你的锻炼方式

如果你还在继续读这本书，你的主要运动目标一定是健康的身体和良好的体能。我们可以从对自身而言最重要的部分入手，找到最适合的锻炼方法和动作。“3-6-8”训练系统对大多数人都是有效的，也是我们制定运动计划的基础。正确的锻炼必定是这样的：

⊙ 在多个维度锻炼你的身体。

⊙ 根据身体各主要部位的功能进行训练。

⊙ 由一系列综合的运动模式组成。

正确的锻炼方法是建立更加个性化、更具体的运动计划的基础。它会让你更接近你的运动目标，且不会危害到你的健康。一种对某些人来说很好的锻炼方法很可能对另一些人来说是不安全或有害的。也就是说我们不能简单地将某种锻炼方法归类为“好的”或“坏的”，而需要考虑个体差别。

正确的锻炼方法与你所拥有的资源密切相关。在选择运动项目时，时间和地点是最重要的因素。你有足够的时间去健身房吗？你希望在家里锻炼以提高你的时间利用效率吗？你有后院或者家里有足够的空间作为健身场所吗？

在为你的健身计划选择具体的动作和练习之前，我们需要确保你能够坚持锻炼。有些运动你可能想得非常好，但如果两周才能做一次，那可能对你来说就不太合适了。所以，让我们在健身之前先做一次调查，以确定与你的时间和空间有关的个人情况。请回答以下问题：

1. 你的锻炼场所能够在 15 分钟内到达吗？
2. 你每天有固定的锻炼时间吗？
3. 你每天有 30 分钟的时间进行锻炼吗？
4. 你有至少 2m × 2m 的空间用于锻炼吗？
5. 你的锻炼空间能够允许你举起手臂或向任何方向转动手臂都不会碰到任何物品吗？
6. 你可以随时使用你的健身空间吗？

如果你对这些问题的答案是肯定的，那么你很有可能能够坚持你的锻炼计划。这些条件是保证锻炼计划成功的基础，而不需要花哨的设施和器械。你最需要的是坚定的决心和行动力。与健身器材相比，下列这些因素才是保证计划成功最重要的因素：

⊙ 你需要严格地遵守纪律以保持日常行为的一致性。

⊙ 你需要一些创造力将你的家改造成健身房。

⊙ 你需要一个好的理由来保持动力。

⊙ 你需要以一种学习的心态来享受运动过程。

⊙ 你需要不断地接受更大的挑战。

制定与生活相关的锻炼计划

我在日常生活中所从事的活动无非是从一个地方走到另一个地方、伸手去抓东西、蹲下来系鞋带、上楼梯、抱孩子、提购物袋等类似活动。我在生活中偶尔也会踢球、跟孩子们玩游戏、砍柴、搬冰箱或者向学员们示范运动。我的健身计划帮助我适应生活的需要，同时提高身体的灵活性、力量、耐力和整体健康。当我完成我的日常生活需要达到锻炼计划的同时，我的身材也变得更好，肌肉也变得更加强壮。

那么，怎样制定与你的生活相关的锻炼计划呢？让我再问你几个问题：

1. 你在生活中需要经常弯腰或蹲下吗?
2. 你需要经常走路、跑步或爬楼梯吗?
3. 你需要携带或者搬运重物吗?
4. 你经常扭动、旋转和弯曲你的身体吗?
5. 你需要经常推或者拉重物吗?

我们每个人都在生活中从事着这些运动。基于你每天从事的运动，你已经创建了属于自己的锻炼模式。这非常了不起！我们在日常生活中需要完成各种各样的运动。通过这些运动模式来制定我们的运动计划，不仅可以增强锻炼效果，还能够提高身体素质和各项功能。而最大的好处在于，由此创建出的锻炼计划能够让我们受到更大的激励和鼓舞。

当你打开这本书时，我脑海中浮现出你的画面，希望你能发现一些关于运动和你自己的东西，这些东西会让你感觉像是在寻找宝藏。感谢你的信任、努力和时间，这三样东西你没有用在其他任何事上——所以，谢谢！

托米·帕沃拉（Tommi Paavola）

目录

Part >> 01

所有成功都是从准备开始

Part >> 02

热身运动，从躺着到站立

Part >> 03

让日常需求引导你的健身——功能性健身

Part >> 04

身体是最好的器械——自重训练

Part >> 05

找到最适合你的运动组合

脚是地球的力量和人类运动之间的能量转换器

Part >> 06

身体不同部位的训练

Part >> 07

运动链训练

Part >> 08

健身元素

Part >> 09

疼痛真相

Part >> 01

所有成功都是从准备开始

健身之前先问自己：我的目标是什么

你为什么需要锻炼？你开始健身的原因是什么？换句话说，你的目标是什么？

定下目标，健身才能成功

也许你最强大的武器就是你知其所以然的智识。清楚了你的动机、原因和目标之后，你才能够朝着目的地前进。人们没能实现健身目标，其中最重要的原因是缺乏坚持。坚持孕育进步，并使我们朝着目标不断前进。它让我们采取措施一路向前，最终准时到达目的地。另一方面，缺乏坚持最终会分散我们的注意力，或使我们对前面的目标灰心。坚持是运动生理学的一个重要原则，它阐明了：为了成功，进行规律性、连续性和高频率的训练是多么重要。简单地说，它意味着每天都要“现身”，做一些能让你更接近目标的事情。

坚持做一件事听起来容易，感觉也很容易，但做起来就不是那么一回事了。总有那么几天，你会觉得，坚持做某件事不是特别好或特别容易，但除非是休息日，否则你还是要坚持下去。这需要的不仅仅是这些原则性“知识”，更需要正确的心态。有时候坚持更多在于心态而非身体，然后“现身”

就成了对你心态的一种考验。决定你长期成功的不是容易的日子，而是艰难的日子。每一个有价值的目标都需要一定的耐心、决心和毅力才能实现，你在这些方面的心态也会受到考验。那么，是什么让我们继续前进？是什么帮助我们走过旅途的艰难部分？

旅程背后的原因就是你前进的动力。你旅行的目标或者原因不会让你放弃或者放慢脚步。现在，你想过这些目标吗？它们对你来说有多重要？你的理由足够让你在日常生活中一直坚持下去吗？

现在是时候通过回答几个问题来确定自己的目标和理由，为自己的成功做好准备了。在出门锻炼之前花点时间想想这些问题，你的成功将取决于它们。

- 你的健身目标是什么？
- 你有什么特别想做的动作吗？
- 你想要减肥或锻炼肌肉吗？
- 你想参加运动吗？
- 锻炼能帮你解决健康问题吗？
- 你希望通过运动来改善身体机能，增进健康，从而提高生活质量吗？
- 还有谁会从你的身体健康中受益？
- 你的家人会拥有一个更好的你吗？
- 你是否会因为自己身材变得更好，而想要训练某个人使他也变得更好？
- 你想为更高的人生目标而活吗？

以一种有意义且真实的方式回答这些问题，将会为你前方的旅程做好心理准备。由于你良好的心态，你会迅速度过这些简单的日子，克服那些艰难的日子。目标对你个人来说越重要，你就越有可能坚持不懈地追求它们。

我的心得

年轻时，我并不觉得自己在运动方面很成功，因为我觉得比起别人，我还需要更多的练习和训练。我认为没有天赋和智商不高的人更应该努力。在某种程度上，尽管这是真的，但是我也意识到毅力是一个人所拥有的最好礼物或“天赋”。真正的成功更多地在于准备而非最终结果。

如果不知道要去哪儿，你最终会走到别的地方去

出发前，我们总是先确认目的地，即最终目标。我们在地图上圈出那个点，或者在全球定位系统中输入地址和坐标，或者我们已经非常清楚目标和路线，又或者，直到我们知道到那儿的最好路线，我们才会出发。然而，很多人在健身之旅中不清楚自己具体要去哪儿（确切的目标）。他们可能知道大致的方向，然后就朝着那个方向前进，结果却迷了路，或者花了太多的时间才到那儿。为了在旅程中取得成功，我们不能只是“往南”或“往东”，而应该尽可能准确地确定目的地。通过使用智能目标设置模式，收集更多的信息，然后确定目的地坐标。

第一，我们应当明确健身目标。我们所说的“更好的身材”或“强健的肌肉”到底是什么意思？在日常生活中如何展现我们的运动能力？我们的目标是锻炼柔韧性、力量训练，还是做有氧运动，或是都要尝试一下？所以，

需要制定具体的目标。

第二，我们需要尽量地量化目标。通过获得可量化的结果，我们能够评估进程，然后调整方案。量化可以帮助我们了解在“健身地图”上的当前位置，这样我们就可以朝着目标不断前进。量化也可以通过展示我们所取得的成绩，不断激发自己进步。

第三，我们选择的目标必须是可实现的。我们应该选择一个既有挑战性又能实现的目标。目标太大，超出一定的可能性将不会取得长久的成功，即使取得一次成功也是因为偶然或者侥幸。然而，给自己设定一个可操作或可实行的目标，把潜能发挥到极致是有可能的。

第四，我们应该思考：到达目的地或实现目标是否真的有价值且有现实意义？成功需要脚踏实地而非异想天开。换句话说，目标应该是有价值的，并且与旅程的成功息息相关。

第五，走完这段旅程是有期限的。实现我们的目标应该是有时效性的，这样我们才能对整个过程负责，并坚持我们的方法。跟踪进度有助于管理资源和满足需求。

你准备写下你的运动目标吗？写下你的目标，然后反思它们是否符合好目标的标准。比如更快地爬楼梯、更容易站起来、更快地跑 1000 米、无痛苦地走路、跳得更高等。如果你的目标包括减肥或让身材看起来更好，那生活中的运动就很重要了。

在准备阶段，你要开始思考日常生活中的运动，并记录你的能力。这些观察非常有价值，请记录下你的感受和表现。甚至可以在这本书的空白处做笔记。这样，在你的旅程结束时，这本书就会成为针对你身体的个人指导和修复手册。

我的心得

对于锻炼，每个人都有一个审美目标，如减肥、锻炼手臂或增肌等。然而，在我看来，这些目标过于影响我们的思考和行为。它们会影响我们的心情，有时甚至会形成强迫的习惯。基于感性原则所做出的决定在旅程中总是陷我们于困境，而基于理性原则做出的决定即使在情绪多变的日子里也能让我们朝着正确的方向前进。选择各种各样的体育运动作为我们的主要目标，有助于我们巩固生理学原理，在这个过程中，审美目标也能随之实现。

你在哪里：精准定位才不会迷失方向

“罗盘针指引道路，到达目的地，用时最短，最安全，花费最少。”

——克劳德·霍普金斯

知道你要去哪里和知道你现在在哪里同等重要。确定现在的位置似乎更容易，因为你已经在那里了。但是为了成功地从 A 地导航到 B 地，你需要知道你所在位置的相关地标、已知位置和地图坐标。想象一下你在森林里迷路了，给搜救队打电话说：“我在这儿，请快来救我。”当然他们会问：“‘这儿’是指哪儿？你可以告诉我们你在地图上的什么地方吗？”如果你不能正确定位，你就真的不知道你在哪儿，也就很难到达你想到达的地方。

了解你在运动和健身之旅中的位置，将是有效且及时到达目的地的关键。在旅途中通过记录进步可以避免沮丧和泄气。识别 A 地需要使用像地图、指南针或全球定位系统这样的评估工具。在健身或体育运动中，这通常意味着不同种类的“体能评估”或测试，它会给我们起点坐标。“健身地图”对每个人来说都不一样，我们需要收集每个人的信息。如果每个人都是一样的，我们只需要一个共同的“地图”或“说明书”，但幸运的是，我们不是机器或机器人，而是具有许多奇妙差异的独特个体。

也许健康评估的最好方法就是去找一个运动专家，他可以最客观地评估你的（身体）状况、机能、健康和运动能力。能够自己进行简单的测试和评估也是好的，因为最终你会成为自己身体方面的最佳专家。有两种测试和评估方法可以用来搜集你的信息，一种是主观的，一种是客观的。客观的测试能够给出绝对或公正的测量结果，如米、秒或心率。主观的测试则以一个观点或判断为基准。两种测试手段都能为健康之旅的起点提供有价值的数据。为了开启这趟旅程，开始测试吧。

健康测评 1

静态心率

在早上起床之前测量你的静态心率（每分钟心脏跳动次数）。至少坚持三个早上，然后计算出平均值。例如，周一 63（次 / 分）+ 周二 67（次 / 分）+ 周三 65（次 / 分）=195（次 / 分），除以 3 等于 65（次 / 分）。最终你可以确定你的脉搏跳动次数。

静态心率给你一个数值，它直接关系着你的心脏功能，也间接关系着你身体的其他功能。它是一种简单却很重要的测量方法。每个人都应该学习如何测量脉搏数（每分钟心脏跳动次数）。

健康测评 2

自我评估健康因素

在 1~5（1= 最差，5= 最好）内评估每一种健康因素。圈出每一个区域相应的数字，创建你的初始健康档案。想想你的强项，然后想想你的弱点。尽量对自己的能力做出最好、最诚实的“猜测”。请记住，这是你的起点，因为你将很快改善你的健康。

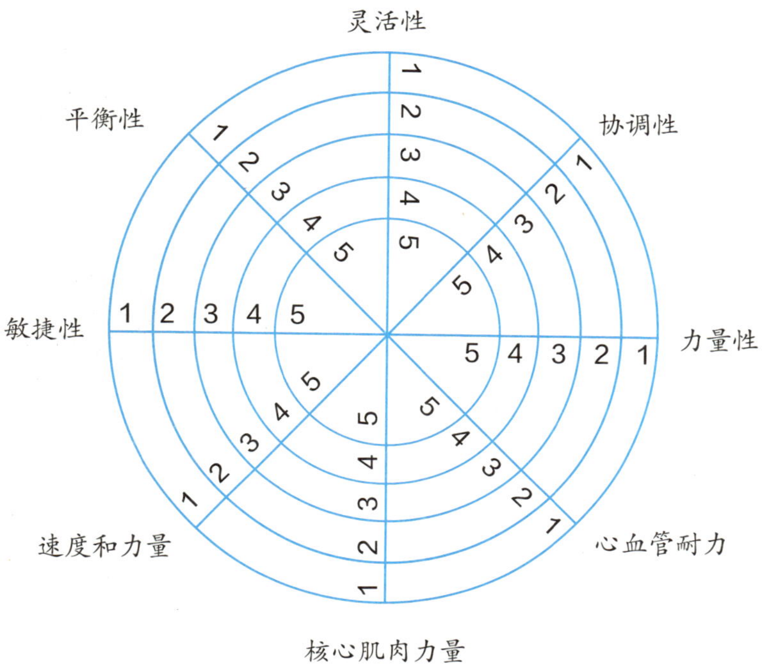

基于你的意见或评判，这份档案呈现了你的健康状态。在你的“旅程”期间，你将有机会重新评估，并且看见你的进步。

我的心得

如果你想成为自己身体和运动领域的专家，当改变发生于一个特定的健康领域时，你需要学会如何感受它。测量和测试帮助我将这种感觉与我的身体状态联系起来，不管它是“更好的心血管耐力”还是“更糟糕的力量表达”，或是“糟糕的恢复状态”。随着时间和经验的增长，我不再需要那么多的测试和测量，因为我已经学会更仔细地倾听我的身体。

确定你当前健康水平的坐标

> “测量一切可测之物，并把不可测的变为可测。”
>
> ——伽利略

地球上每一个地理位置都有一个“地址”，即使是在海洋中央或山顶上。无论你是在野外还是在家里，你的位置都能用地理坐标系统表示出来。它是一种精确的地图交通方式，经常被海上的船只、军队和在没有道路和常规街道地址的地形上旅行的人们所使用。当你外出探险或去新的地方旅行时，拥有一种在地图上表达地理位置的“语言”特别有用。

地理坐标系统是非常明确和系统的，我们希望“健身和运动地图”对我们当前位置的描述也是如此。我们越能确定和记录我们的身体特征、运动能力和技能，就越容易制订一个好的计划，从而对其改进。为了收集有关身体和运动的具体信息，我们需要使用尽可能准确地反映具体目标的测试。

创建健身坐标有两种方法。第一种是定量分析法，它意味着我们可以通过量化运动时间、运动里程、运动强度等来得到数值。第二种是定性分析法，通过观察运动效果，如效率、协调性或运动的舒适度，可以产生关于运动的信息。由于人体运动的动态性、整体性和个性，上述两种方法都是重要和必要的。地理坐标体系需要经纬度来确定准确的位置，健康坐标则要求使用定量分析法和定性分析法，以便在“健身地图”上进行最准确的定位。

定量分析法	定性分析法
测量法： 坐立前屈和拉伸法测试	观察法 从站立到深蹲
平衡性： 偏移平衡性测试	平衡性： 上下楼梯
力量： 硬拉或仰卧推举	力量： 从汽车后备厢中提起行李箱
心血管耐力： 测量运动时的心率	心血管耐力： 徒步前往目的地
速度和敏捷度： 测量 10 ~ 40 米短跑所用时间	速度和敏捷度： 观察运动状态

从上面的图表中可以看到这两种数据收集方法的差异性。一方面我们从量化不同的运动特质，如运动里程、承载重量和运动时间等方面中受益。另一方面我们明白，在生活中我们的任务和身体机能不可能只是转化成数值。通过使用两种方法，我们可以将两者的优点结合起来。

在为健身之旅做准备的过程中，目标之一就是尽可能确立实际一点的目标。想想与你的健身目标息息相关的具体任务，以及你的身体素质，然后你甚至可以设计适合自己的健身测试方法。请记住理疗师加里·格雷（格雷研究所的创立者）所说的话：“测试就是健康，健康就是测试。换句话说，测试过程应该针对你的健身目标，使测试动作成为你健身计划中的一项锻炼，既可成为有意义的测试，也可成为有意义的锻炼。

我的心得

有些人喜欢测试，而有些人则讨厌它。很多人不喜欢这种观点：测试常常导致个人之间的比较。做得更好的那些人自我感觉更好，反之亦然。总之，我认为对于测试，我们需要有不同的心态。成功就是通过测试结果，取得进步，获得提高。第一次量化可以帮助建立基准线，而第二次测量就是在未来的某个时候验证你是否成功地改进了自己。个人之间的比较有时候会导致泄气或停滞不前，然而记录个人进步则非常鼓舞人心。

计划：凡事预则立

"人无远虑，必有近忧。"

——孔子

你知道你现在所处的位置（A 地），并且你也知道你想去哪儿（B 地）。现在我们谈谈这两者之间的距离。

距离 / 时间

初始目标和终极目标（起点和终点）的距离是多少？换句话说，我们实现目标的时限是多久？你想减掉 5 千克还是 20 千克？你想在上楼梯时呼吸顺畅，还是打算跑马拉松？又或者你想 20 年后跟孙子一起玩耍吗？旅程中所需要的时间取决于到目的地的距离，当然还有其他因素。我们想将很长的旅程分解成更容易想象、更易实现的小目标。你如何把你的目标分解成更小的目标或者片段？毕竟它们比全程更容易完成。例如，我无法想象写一本 200 页的书有多难，但是我可以每天都写一页，连续写 200 天（事实上，这本书正是如此）。

精力

你有多少精力？你需要多少精力来实现你的目标？生活中你要做很多事情，承担很多责任，它们都需要体力、情感和智力。在人生的主要任务受到影响之前，我们能花多少精力在健身之旅上？

当然，一个精心策划的健身计划能够给我们活力和力量去做更多的事情，可是每天能做的事情是有限的。关键是根据我们的精力，合理进行健身和运动。小强度的健身往往更具活力，并且不会很累。我们甚至可以一天运动几次，哪怕一次仅仅运动 5 ~ 10 分钟。

环境

距离不是实现目标的唯一决定性因素。在平坦的路上走 1000 米肯定比背着背包在海拔 7000 米处再爬上 1000 米路程容易得多。我们最好为障碍、减速甚至逆境做好准备。每一个值得实现的目标都将对我们的计划和准备、毅力和耐力进行考验。我们的计划经常是建立在最优条件上的，然后我们没有给计划中的“风暴”留空间。然而，就像其他人一样，有时候你会感冒，压力太大，会很疲惫，会有家人来……那么你的健身计划就会被搁置。不要担心你的长期计划会遇到一些障碍——事实上，你不应该对路上的障碍感到惊讶，你应该期待它们，并提前为它们做好准备。

器械

你是轻装旅行还是带着大件行李？你的操作是依靠“重型机械”还是背上背包就走？如果你的健身计划需要很多设备，你就没那么多自由、没那么容易来执行你的计划。拥有健身计划的一大好处就是你可能会随时随地进行锻炼。记住，坚持是你最好的朋友。对一些人来说，健身房的环境更好，因为干扰更少，设备允许不同的阻力模式和“有氧运动”。当然，在家和健身房锻炼的结合可能是成功的最佳秘诀。

风险

每一次探险都有风险。通过准备、计划和适当的进展，我们可以使你在健身之旅中的风险最小化。相比于锻炼带来的危险，羸弱和不健康反而更危险。你发现俯卧撑可能会使你的手腕受伤，跑步时可能会扭伤脚踝，等等，但这并不是你健身旅程的终点。事实上，在咨询了医生之后，你应该继续你的健身之旅，调整你的计划，让你的伤得到康复，同时继续前进。例如，手部受伤并不会影响你进行有效的下半身锻炼和做核心运动。如果有任何危及生命的风险，那么在开始之前以及健身过程中，都需要咨询医疗专业人士。

我 的 心 得

我患有一种叫作强直性脊柱炎的自身免疫性疾病 20 年了。即使关节疼痛，全身发炎，我也总是可以找到方法来进行锻炼和运动。我绝不说它很简单——急性损伤或慢性疾病绝不容易，但运动却是治疗身体疼痛和精神不振的良药。锻炼不仅能让我的身体充满活力、精神振奋，还能把痛苦转化为对人类运动奇迹的感激和敬畏。

建立通往成功的习惯

> 除非你去改变一些你每天都做的事情，否则，你的生活只能一如既往。成功的秘密就隐藏在你的日常行为中。
>
> ——约翰·马克斯韦尔

跟自己预约（时间）

在任何旅程中取得进步都需要不断地朝着目标前进。一段很长的距离，一个大的梦想，都可以通过每天朝着正确的方向一小步一小步地前进来实现。你如何利用时间让自己成功？你一天的什么时间能执行健身计划，早晨还是下班后？每天和每周的常规训练是取得成功并保持它的关键。常规训练是进步的朋友。在你的日程表中安排锻炼的时间是让你成功的最好方法之一。和自己约个时间，别忘了每天现身！

如果计划的锻炼无法执行，你可以在一天中做几次小运动。三次 10 分钟的小锻炼比一次 30 分钟的锻炼效果更好。把你的健身活动分成几组，然后间歇性地完成，这样你就可以完成当天目标，而且对新陈代谢有巨大的影响，更不用说恢复精力和改善认知功能了。

挑选合适的团队（人）

你有健身伙伴或团队吗？在追求梦想的过程中，那些周围有支持的人往往更容易成功。如果你的伴侣想要提高身体素质和加强锻炼的动机与你一致，你们可以组建一个好的团队。健身伙伴可以互相督促，在需要的时候给对方能量。如果一个团队锻炼更多的是社交而不是身体，那么你可以考虑找一个更好的同伴——朋友可以推动你前进，也可以阻碍你前进。

以成功为基础

你如何确保自己经常成功？当然是通过制定可实现的小目标来获得频繁的“小胜利”。更多的成功最终会提升你对计划的信心，你对自己能力的认可，以及你再做一次的动力。“成功孕育成功”是一个被广泛使用的习语，甚至研究似乎也证实了这一点。我们可以利用这一概念，创建基于成功的战略计划，包括可量化的和可感知的。

在健身计划中，我们需要可能实现的小目标引领着我们实现“不可能的”大梦想。我们需要在日常行为中定义成功，以期常常体验“胜利”。成功的一天可以是为早餐做出正确的营养选择，获得良好的睡眠和恢复，或者灵活地改变你的时间表来完成锻炼。

另一方面，当我们不成功或感觉不到成功时，明智的做法是避免负面情绪，因为它会让我们做出糟糕的选择。如果某一天的目标没有实现，就先跨过它，因为我们知道我们从中学到了东西，而且很快我们就有机会改正它。我们的态度和习惯会受到很多次考验，我们往往会赢，但有时我们会输——所以，成功在于我们如何应对它。

我的心得

我既有好习惯也有坏习惯。坏习惯需要努力、坚持和祈祷才能改掉，好习惯需要努力、坚持和祈祷才能养成。打破或养成习惯的过程揭示了很多内在的东西。对包括我自己在内的许多人来说，最困难的事情之一就是坚持到底，养成绝不半途而废的精神力量和耐力。我钦佩那些伟大的探险家，他们常常坚持不懈，哪怕坚持了数月乃至数年，仍然不知道自己是否能达到目标。强健的体魄能塑造性格，而健身之旅就有这样一个机会。

以坚实的原则为基础

> 抓住原则的人可以有效地选择自己的方法，而尝试方法但忽略原则的人，一定会遇到问题。
>
> ——拉尔夫·爱默生

在这趟旅程中，你可以带走的最有价值的东西就是一套核心原则。许多旅行者在（健身这片）丛林中迷失了方向，或是被各种各样的小细节缠住，比如锻炼技巧、营养秘诀，或是最新的电子设备。详尽的知识有用，但它也可以很容易让我们偏离主道，使我们分心、迷茫。人们总想去相信简单的答案，用最少的努力快速得到结果。当有人告知我们快速变富、变瘦或增肌的方法时，我们总是会非常开心，且易于相信。

如今，我们可直接获得的信息量已经增加，而且呈指数增长。但是只有在核心原则基础上应用知识，我们才能有效判断信息的实用价值。我们需要更多地了解做什么，我们还必须知道为什么和如何去做，以及何时去做。而且，我们一定要知道我们为谁使用这些信息。所有这些问题实际上更多的是关于智慧，而不是知识和信息。

智慧随时间和经历的增长而增长，然后形成坚定的原则基础。我们可以在运动生理学和人体运动原理的基石上对健身和健康领域进行探索。这些原则不一定会直接给我们答案，但是它们允许我们在安全可靠的参数范围内提出策略和应用方法。好消息是遵循这些原则会让我们实现目标，坏消息是我们必须学会如何使用和信任它们，就像其他任何我们携带的重要装备一样。地图和指南针也没多大用，除非你知道如何使用它们。日常生活中，我们应该掌握和学会使用的一些原理如下：

运动生理学原理	人体运动原理
特征	三维
强度	任务驱动
连续性	潜意识
个体性	综合性
适应性	装载和清空
恢复性	相对运动
可逆性	中枢神经系统的控制
规则性	自然力
可变性	阻力减少路径
（基于运动生理学原理）	（基于应用功能科学）

我 的 心 得

作为教练，我的注意力经常被吸引至新的且令人激动的锻炼上，我能将这些锻炼纳入自己的健身计划或用于我的客户。然而无论什么样的新锻炼，我的重心在整体而非局部，我没有看到充满挑战性和乐趣的具体动作，我只看到了锻炼背后的重要原则。这些原则让我根据目标和个人来选择方法和技巧，这是我在过去 20 年做教练所学到的最重要的东西。

乐趣：玩得好才能学得好

> “玩吧！玩得开心，享受比赛！”
>
> ——迈克尔·乔丹

如果非要我猜谁能够成功实现健身目标，我会选择那些使旅途愉快且有趣的人。玩得开心的那些人最终能成为最持之以恒，也最努力的人，但更重要的是他们将健身活动融入他们的生活，而且是长时间的甚至是终身。当然，你也可以偶尔忍耐一下，但是你不会长期坚持，因为你觉得它很无趣。

如何让锻炼充满乐趣？首先，我们必须停止谈论“锻炼”，因为从本质上来说，它就是不断地重复，然后让人感到厌烦。然而，完全相反的是，各种形式的人体运动本身就是令人兴奋和鼓舞人心的。如果我们能发现挑战伴随着奖励，困难总有解决的办法，那么，我们就来到了一个新的领域，这里充满了“乐趣”。我们选取几种方法将健身和娱乐结合起来，其中很多都涉及多样化和个性化的原则。

经验和科学已经证明：当学习者玩得开心时，学习效果最好。事实上，小孩学大多数东西是因为乐趣，否则他们不会去做。在他们看来，学习是令人兴奋和充满力量的，但当我们长大后，学习就不仅仅是因为乐趣了。但事实上我们不必这样——我们能够并且应该一直学新东西。上一次你学到的新东西是什么？一个动作？一项技能？一首歌？还是一份食谱？总之，发现运动就是不断学习人体运动所创造的奇迹，但是更多的是了解你和你自己的个人潜力。盲目的重复锻炼不是学习，也不会鼓舞人心。然而，每一个动作都可以作为一种技能来处理，目的是通过这样或那样的方式来提高它。

很多人喜欢团队的活力，并且认为跟其他人一起锻炼更有趣。当音乐响起时有些人就会立马动起来，当你打开最喜欢的播放列表，时间会过得很快。我知道有人把打扫房间的工作变成一场迪斯科舞会，而且还很可能会得到很好的锻炼。关键在于找到让你动起来的乐趣。当你发现你想做而不是必须做的活动时，你已经把健身变成了一种生活方式。

不要相信快乐和结果不能并存这种说辞。如果你玩得不开心，你就会从健身之旅搭乘第一班车回家。或者谁知道呢，你很可能成功到达目的地，即实现目标，但是你厌倦了，以致你再也不想做了。不幸的是，除非你将这种习惯转变成一种新的生活方式，否则你所取得的改变在数周或数月之后便不复存在，不要想“节食”，即使你已经实现了目标，也要想想你一直所坚持的生活方式。所以，让健身变得有趣既是基本的也是功能性的。

请列举你最喜欢的“健身活动”。它不一定是一项健身运动，想想那些涉及任何运动任务的活动，说说你为什么喜欢。

我的心得

在芬兰攻读体育硕士学位期间，我了解了学校对儿童进行体育教学的核心理念和目标。体育教学的目的就是帮助人们点燃一生之中的爱的火花，激发大家对健康和体育活动的兴趣。除了让它变得有趣，还有什么别的方法可以达到这个目的吗？许多机构都未能带来健身的乐趣，或许还把一些人吓倒了，让他们不敢继续。无论你是一个孩子还是一个成年人，除了增进健康，你的健身还应该是愉快的、令人振奋的和有益的。

你准备好了吗?

“磨刀不误砍柴工。”

——谚语

许多人竭尽全力却没有得到什么效果，而有些人没那么努力却收获颇丰。为什么呢？其中一个原因就是你的日常状态决定了你的锻炼效果。同样的锻炼，其结果可能有很大的差异性。我们需要问下面这个问题：“今天我的身体准备好接受这种刺激了吗？”比起忽略信号的那些人，根据身体发出的信号定时锻炼的那些人在运动中反应能力更强。就我个人而言，我想不出有什么比徒劳无功或浪费精力和时间更令人沮丧的了。也许我们应该注意察觉身体的状态并学会倾听。

设想用一块完全打湿的海绵去吸地板上的一摊水——海绵不会再吸收任何东西，对吗？在某种程度上，当身体无法进行锻炼时也会发生类似的状况。一块完全干燥的海绵能够吸收大量的液体。当身体还没从先前的锻炼中恢复过来，并且还不能够轻易接受新的刺激，湿海绵效应就会发生。如果我们的目标是尽可能地多吸收水，最好的方法就是让海绵变得足够干燥，然后再次使用它。身体跟海绵有着同样的原理，至少可以这样比喻。我们进行锻炼，接受身体的刺激信号，然后休息、恢复，直到身体准备接受锻炼和运动所带来的另一次刺激。

有很多我们能够做的事情来调整日常状态，使恢复加快并让“海绵”达到最好的吸水效果。其中一些效果是不言自明的，但往往被忽视，而另一些则属于微调状态的范畴，如用于锻炼的热身类型。以下是我们在实际锻炼或健身之外应该注意的几个方面：

休息 / 睡眠

高质量和充足的睡眠可以改善大脑功能，提高反应能力，加快伤口修复，增强抵抗力。在休息期间，可以对锻炼进行调整。没有足够的休息，锻炼效果难以达到，人们也不愿再去锻炼。睡眠时间因人而异，但是对大多数成年人来说，最佳睡眠时间是 7~9 小时。运动员通常会从充足的睡眠中获益。晚上睡个好觉是最好不过的了，白天也可以小憩一下。

营养 / 水合作用

食物和水对于生存至关重要，但是如果你的目标不仅仅是为了生存，而是为了让身体达到最佳状态，有一些事情你必须考虑。在食物和卡路里摄入量方面，你得补充足够的能量来满足身体的基本需求，其他的能量用于锻炼（或其他的日常活动）。一般来说，一日三餐、适量加餐以及喝水都是补充营养和水分的基本需求，充满能量。

压力

在数字范围 1~5（1 代表零压力，5 代表压力很大），你如何评定你的压力等级？压力是一个笼统的身体、精神和情感负担的术语，它影响着我们的身体和精神。对很多人来说高压并非一种罕见的状态，因为我们的生活环境和生活方式在很多方面要求都很高。在锻炼时，压力也会影响我们能力的发挥。压力越大，健身时的身体状态就越差。当然，体育活动可以以温和的方式来缓解压力，如散步或拉伸。

你可以找一份压力测试问卷，看看你现在的状态如何。它能让你了解自己的压力水平，并对你选择锻炼强度有所帮助。

我的心得

我个人不太能很好地应对压力。我需要很长时间来恢复，而且随着年龄的增长，这种需求也在增加。比起我的身体承受力，我的大脑想要进行更多的锻炼。通过记录每天的身体状态，我能辨别是进行强度大的锻炼还是强度小的锻炼，或者是需要休息一天。我已经学会了遵循这个系统，因为它已经证明了自己是正确的。我仍然可以取得成绩，并朝着我的目标努力，但不是像 20 年前那样。我尊重身体的需要，让它自行恢复。

迈出旅程第一步

"千里之行，始于足下。"

——老子

当我们开始真正的旅行或锻炼时，准备阶段也就结束了。第一步代表着成就和承诺，也代表着谦逊和脆弱。出现在起跑线就是小小的胜利，因为失败或失望的可能性，很多人会避免开始，不能把每一天看作是学习的机会，把每个早晨看作是新的开始。在健身之旅中，我们的行程由很多天组成，就像一束光一样。在这个过程中，我们一次只能打开一盏灯，但是所有的灯一起照亮就形成了一束光（健身不是一蹴而就的，而是日积月累的结果），照亮了过去的成功之路。

与典型的关于饮食、运动器材和补品的广告信息相反，健身之旅是一段长长的旅程，其结果是一点一点积累起来的，没有任何把戏、花招或虚假的承诺。如果你正在寻找一个简单和快速的解决方案，从而增进你的健康，那么请把这本书给别人。我们可以自信地向你承诺，这将是一次鼓舞人心的、有益的、有保证的进步经历，但不是快速和容易的——改变不是这样发生的。

接下来的十天准备将成为为期 100 天的个人健身指导之旅。这将是一次为期三个月的运动、健身和体能训练。在旅行结束之前，你会有自己的“健身地图”，你会学得更多并应用新知识。我们不希望发生的事情是，在旅程结束之后，你不知道如何继续自己的锻炼。所以，为了让你“拥有它”，并且在未来几年里为自己的健康负责，我们要求你集中注意力——做笔记，写日志，和别人分享你的想法和经历。我们希望你变得有创造力、机智、对前方充满自信，你甚至可以牵着某人的手并为他指路，直到他准备好飞离自己的巢穴。

我们建议你每天都坚持，但不要过度运动（超越个人生理极限），因为健身是一个循序渐进的过程。习惯锻炼和督促自己的那些人，在开始时感觉不到锻炼的强度。如果你想比“规定的”做得更多，当然也没问题，但是，得在同等强度范围内进行，得做同等类型的运动，并且始终记住：前一天的坚持就是为第二天的成功做准备。

初次提醒：

和自己预约——你将从什么时候开始你的健身之旅?

睡好，吃好，喝好!

开启旅程的必备清单：

- 明确的目标：你的个人原因。
- 乐观的态度：微笑是必需的。
- 学习的心态：我们所有人都是生活的学习者。
- 积极向上的精神：你是值得的，并且热烈欢迎你踏上这趟旅程。

我 的 心 得

带团旅行需要对跟随你的人负责。无论何时，只要我带队在森林远足时，我都会尽我所能地准备，因为我知道这群人相信我会做出正确的决定，让他们保持安全，并且能使他们到达目的地，同时让他们玩得开心。如果你与我们同行，我将感到非常荣幸，我们相信你为旅行所花费的时间和精力是有效果的。

Part >>

02

热身运动，从躺着到站立

运动系统的准备

毫无疑问，迈向健身之旅首先从热身开始。实际上，热身的目的之一就是使身体暖和起来，但最理想的是让身体的各个系统都做好准备，以便成功地进行运动。如果热身只是为了提高体温，那我们还不如去蒸桑拿或者在烈日下晒一会儿，这样我们就可以“热身”了。但这并不能让我们为运动做好充分的准备，不是吗?

让我们设想飞行员在航班起飞之前的准备。飞行员如何确保飞机正在运行并为飞行做好准备? 他（或她）只是打开灯、启动引擎然后在跑道上滑行吗? 我想一定不是这样。每架飞机都有一份飞前检查表，飞行员会按照特定的顺序进行检查、测试以及启动每个系统，并确保一切准备就绪，功能齐全。很明显，为了确保飞机能安全、准时到达目的地，做这一切时需要高度集中注意力。

尽管我们不是机器，但如果我们想从健身计划中获得最大的好处，同时尽可能把伤害降到最低，我们可以从飞前的检查清单中学到很多。重要的是要注意：有很多方法可以做好热身，并且，每个人最终需要自己的个人检查单。然而，人类生理构造由不同的“系统”构成，作为整体的一部分，它们可以协同运作。热身或运动准备阶段能够激活每一个系统，为我们的运动做好准备。

这些系统包括：

- 神经系统（包括知觉系统）
- 心血管系统
- 呼吸系统
- 内分泌系统
- 肌肉骨骼系统
- 筋膜系统

所有这些系统已经轻而易举地在身体内“打开”，但是它们可能没有为更高水平的体育活动做好准备。通过各种各样的“热身”运动，我们能更好地为身体系统做好准备，安全有效地进行运动，使状态达到最好，同时，能成功适应各种结果。循序渐进进行热身运动的方法是完成“从地面向上”的一系列动作，最终，它会打开身体所有系统，将身体提升到一天的最佳状态。

从传统意义上讲，很多热身运动涉及两个主要部分：有氧运动和拉伸。这种方法有时候可能有效，但经常会使身体和精神的很多“系统”处于无刺激状态，然后因此处于“关闭”状态。除了生理因素，我们也需要考虑健身过程中第一项运动对心理所造成的影响。第一项运动常常为后期运动奠定基础，而且，第一印象也会持续很长一段时间。如果我们认为热身运动能为后期运动奠定基础，我们最好明智地选择运动方法。

如果你在前面 10 分钟的慢走和拉伸运动中感到兴奋，在开始时随意做吧，但我会要求你不要跳过剩下的准备步骤。通过慢走，你将提高身体的核心温度（核心温度是指胸腹腔温度），并且我希望你可以为接下来的良好锻炼做好准备。你身体的其他系统也会从一些额外的刺激和准备活动中受益，那也是我们接下来要深入研究的地方。

我的心得

这些年来，作为一位足球运动员、武术运动员、运动爱好者、教练，我做了无数次热身。如果我要总计花在热身上的所有时间，它可能已经积累至一个相当大的数字。回顾过去，并不是所有这些时间都用得那么好、那么明智。热身时间可以无重点、无目的地度过，也可以让自己真正为成功做好准备。前者最终会浪费无数的潜在发展时间，而后者能为所有系统的行动做准备，同时，获得健身和运动技能。

卧姿热身

准备运动是运动发展的一个过程，其始于水平面的体式和动作，一步一步发展成直立动作。以地板为根基，对背部或腹部进行锻炼，使身体得到诸多刺激，这将使身体安全参与运动，并变得灵敏起来。当我们慢慢减少对地面的依赖，最终站立进行运动时，我们提醒系统需要维持身体的稳定性、协调性以及平衡性。最后，我们不仅进行了“热身”，也参与了运动，激活了身体，而且为健身之旅的腿部锻炼做好了准备。

在地面滚动或爬行等动作不是你在商业健身房所见的那些典型锻炼。在普通健身房，很多顾客都是利用器械进行锻炼，而不是在地面徒手运动或进行其他“自由运动”锻炼。也许我们的现代健身设备是为锻炼肌肉而建立，而非运动……你可能会问两者之间的差异性是什么？运动时，我们需要肌肉，对吗？是的，运动需要肌肉，但还远远不止——除了肌肉，运动还要求更多：它要求明白大脑的意图，完成大脑和整个神经系统所赋予的任务，将其传达给作为团队协同进行运动的完整而复杂的系统。虽然肌肉是我们身体的重要组成部分，但我们的生活是由运动组成的，需要整个系统为共同的目标共同努力。你可以把健身器械作为日常健身的一部分，但也要记住，在现实世界培养运动能力也有其局限性。

“从地面向上的运动”——它只需利用你的身体、地面和我们周围的物理作用力，如重力和地面反作用力。为了充分利用我们身下的地面，首先我们得与它亲密接触。对于在家锻炼的人来说，地面也是一种很棒的工具，因为你不需要任何设备，只需地面上的一点空间。

这个过程从地面或地板开始，在此我们可以进行三种不同的运动，然后进行转换。

俯卧伸展

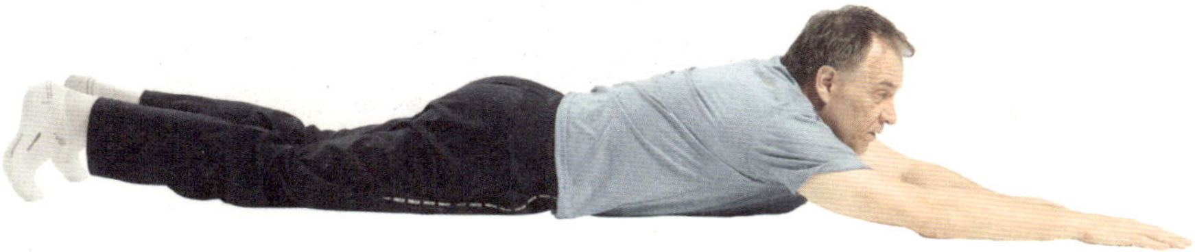

01 俯卧，双手向前贴地伸展。

02 一只手臂上举，平视前方，
腹部不要离开地面。

仰卧伸展

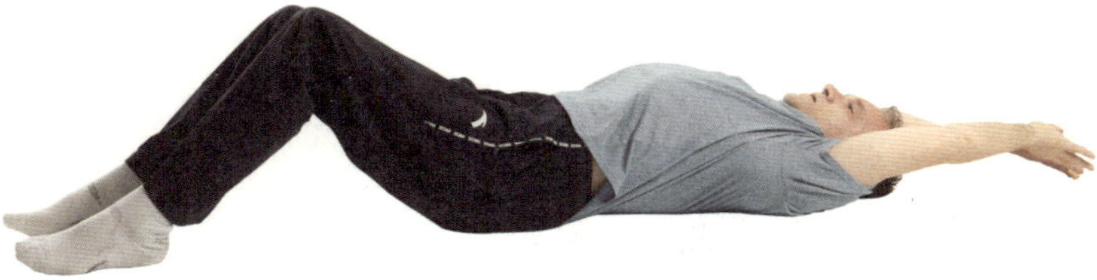

01 仰卧，双手向后贴地伸展。
（若有困难，可稍稍屈膝）

02 一只手臂向后，屈肘，尽量将小臂贴地。

仰卧转前屈

01 仰卧，一只手臂带动上身前屈。

02 继续前屈，直至手能摸到脚踝。

每日运动：将上面的动作重复 10 次。

我的心得

锻炼时，面对背疼或肩疼这种挑战，通常来说最好的解决办法是以地面为支撑。对我来说，在地面滚动和爬行等运动是功能性和根本性的，意味着它让人感到年轻、振奋人心，同时也为增强身体机能奠定了基础。

坐姿热身

接下来的热身动作是在坐立时完成。你可能会问，坐着难道不是健康和健身专家宣传的对我们身体最有害的事情吗？也许你听过这样的说法，“久坐是新的吸烟方式”，它强调了久坐所带来的负面影响。当然，整天坐在办公室的电脑前对你不利。它不仅过于被动，而且当你盯着屏幕时，你的脊椎和头部也很容易产生一维①的静态姿势。基本上，你的身体会适应任何赋予它的东西，不管是好是坏，“习惯”坐着通常意味着“不习惯”运动。那么，为什么要把“坐”的体式放在热身运动中呢？

你试过在地板上以不同的姿势坐着吗？或者更确切地说，你在地面上的各种坐姿中积极运动过吗？所以，想想关于坐的几个问题：是坐在椅子上还是坐在地面上？当坐着的时候，你是被迫运动还是主动运动？你的姿势和动作是一维的还是多维②的？符合标准的姿势和动作无论是对健身还是

---

① 这里指的是身体静止不动，脊椎和头部呈一条直线。

② 这里指的是二维或三维。二维动作即在一个平面动作，如前后或者左右来运动。三维动作指的是在二维的基础上增加另一个维度的动作，如蹲下的同时转身。

健康都会产生重大影响，哪怕是坐着。

由于地面的支持，坐姿运动有利于提升髋部和下身的锻炼能力。另外，手可以以稳定的地板为支撑，与地面进行接触，让手臂、肩膀和上背变得异常灵活。坐在地板上锻炼的另一个目的是加强对腹壁和（腹部）侧边肌肉的锻炼，积极锻炼你的腿部以及加强对上半身的锻炼，而与此同时，坐在地板上锻炼要求加强腹部力量。

如果你善于坐在地板上锻炼，那么你也会变得善于坐在椅子上锻炼，如在办公室环境中。地板上的坐姿运动增强了身体的灵活性以及力量性。从传统意义来说，久坐使身体变差，如使腘绳肌（后腿肌腱）或腹肌变弱。尽管在生活中我们不能轻易改变久坐和被迫运动这件事，但是我们能够通过运动来扭转它的不良影响。

当受任务和多向性技能驱使时，卧姿和坐姿的转换体式就成了有效的功能性锻炼。

以下这些运动可以用于热身：

仰卧转坐位前屈

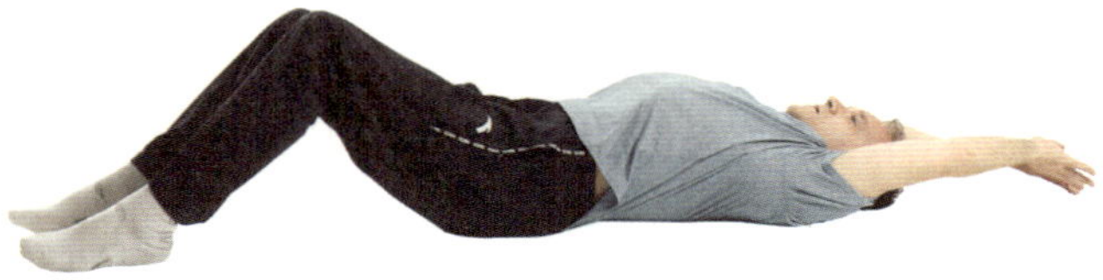

01 仰卧时双手向后贴地伸展。
（若有困难，可稍稍屈膝）

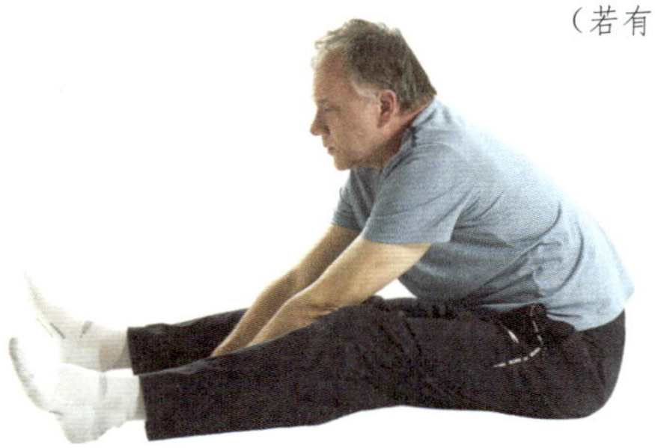

02 手臂带动上身直立，继续前屈，直至背部伸展。

坐位变体

01 坐立，双手掌向下，指尖相对按于地面。

02 右腿向侧面展开，左右腿呈 90 度，再次做动作。

03 两腿向前伸直，一手按于身侧地面，另一手臂上举，掌心向前。

每日运动：将上面的动作重复 10 次。

我的心得

随着年龄的增长，我们似乎不再喜欢蹲下，即使蹲下也不再像儿童时期那样容易。我已经注意到，在我的生命中，每过一个十年，我就更不可能蹲下。现在，在我四十多岁的时候，我对以地面为根基的运动有了新的认识，因为我自己的孩子在“低地”舒适地生活。我有意识地把此类运动加入我的健身计划，然后一次又一次发现到它们的巨大价值。

四肢触地的热身

我们的热身运动继续进行，与地面的接触点会越来越少，但仍会用到。从使用水平地面位置的多个接触点和支撑点，我们改变至使用 3~4 个接触点。一般来说，这个阶段的 4 个接触点分别位于手和脚的位置，而身体的其他部位不再与地面接触。俯卧撑或蟹式是 4 点支撑的基本例子，也是演示为什么“四足”运动能给我们的热身动作带来如此多的应用。

与许多四足动物不同的是，两足动物在用四肢行走时感觉效率不高，也没有力量。身体更多的重量是在我们的上半身和手上，而它们未被设计或用来像四足类动物用腿那样承载身体的重量。基于这种原因，我们需要用手、手臂、肩膀积极协同运作，以保持俯卧撑或蟹式的姿势，并且上身的肌肉系统正在参与运动、激活身体。做这些体式和运动时，除了需要身体的力量，也需要上半身保持稳定以及灵活。地面无疑是最重也最安全的阻力。

四肢接触地面进行运动的一个最大好处是可以让身体中段部位有感觉。例如，做俯卧撑时，由于地心引力会将未受地面支撑的部位拉向地面，所以此时，要求身体中段部位不能弯曲（整个身体呈一条直线）。在身体中段进行的锻炼就需要核心力量的支撑，在很多四肢运动中都对其进行过测试。这样看来，俯卧撑锻炼的目的不是让我们身心疲惫，而是激活身体，为接下来的锻炼做准备，我们也会在这种目标的驱使下完成锻炼。当然，这不是说要最大限度地重复俯卧撑锻炼，而是为下一个阶段做准备。然而，你很快就会发现，这些动作如此费力，强度如此之大，足以用来增加身体力量性以及提高运动能力。

四肢触地的四种体式和运动如下：

平板支撑 + 手臂伸展

01 平板支撑。

02 一只手向前伸展。

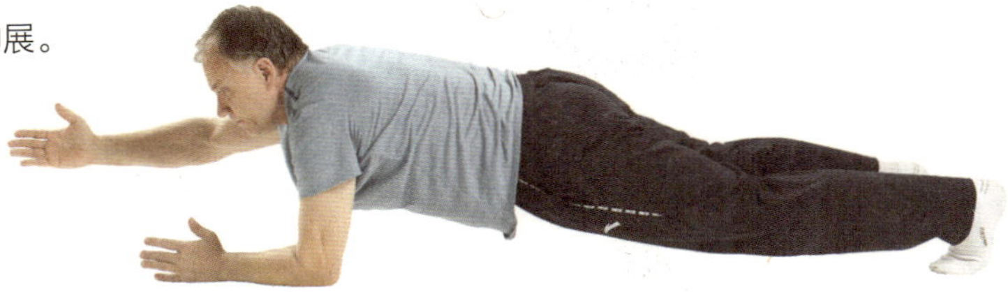

03 高位平板支撑，手臂向前伸展。

侧位平板支撑 + 手臂伸展

01 侧位平板支撑。

02 手臂上举。

03 引臂向下穿过腋窝。

跪 + 手臂伸展

01 屈膝，四肢着地。

02 手臂向前，带动身体俯伏，手臂尽量伸直贴地。

①

②

03 一侧腿向侧面伸展、前面伸展，并尝试手离地。

平板支撑 / 伏地挺身 + 提膝

01 平板支撑。

02 一侧腿屈膝提起，用髋部带动推向前，尽量让膝盖超过双臂。

每日运动：根据自己的能力，将上面每个动作变体重复 10 次。

我的心得

四肢着地进行运动时，会自动产生一种贯穿于全身的张力。借助地面进行运动，整个身体从手指到脚趾都被激活。与直立相比，此时重力对身体的影响大为不同。当我四肢着地时，感觉就像插入了贯穿全身的动能电流，使整个肌肉和筋膜系统充满能量。这种策略在我自己的训练中特别有用。当意识与身体分离时，运动似乎是由孤立的部分组成，而四肢运动都倾向于以有序的方式重置和整合身体，让身心一体。

跪姿热身

旅程的开始包括很多功能性的体式和动作，最终为我们的热身运动创立了一套模式。在每一个训练阶段开始时，我们都会用相对应的运动模式对这 6 种体位进行锻炼，这样我们才能为所有的体育活动和功能性活动打下坚实的基础。随着时间的推移，“运动存储”变得越来越大，越来越好，这些技能和模式的积累，会让我们在生活和运动的各种挑战中实现强身健体的目的。热身的这一系列动作足以进行全面锻炼，但是随着身体素质的增强，热身运动作为训练的初始阶段，其目标是为接下来的运动做准备，以渐入佳境。

双膝或单膝着地的跪姿是最有用的训练体式之一。一方面，我们比站立的时候更稳定；另一方面，我们有足够的自由在一定的空间上移动我们的髋部和上身。这些体式可以用于锻炼柔韧性和力量性——这是健身和运动的关键。各种跪立体式也再生了很多功能性的任务，如系鞋带或从地面上站起来。

跪立时，由于重心支撑面有限，手也不再与地面接触，所以我们需要增加使身体保持平衡的成分。它不仅是从上往下的一个中间力量，在日常锻炼中也扮演着起承转合的作用。在我们的日常生活中，一些动作是从下而上开始的，如从地上站起来，而另一些动作则是从上往下开始的，如跪下来系鞋带。随着年龄的增长，许多人开始失去力量和灵活性，拥有跪下的能力和技巧不仅对健康很重要，对生活质量和日常活动的安全也很重要。

这一阶段的热身肯定能有效解决髋部区域的问题。特别是单膝跪姿，是锻炼髋部柔韧性和力量性的好方法。对一天中绝大多数时间都坐着的人来说，单膝跪姿是修复髋部功能的好方法。对于想要从爬楼梯到骑自行车这样的活动中增强体力和运动能力的那些人来说，屈膝运动是最佳选择。

“从地面向上运动”包括以下三种不同的跪姿，上半身的运动与每个体式相关。为了你的舒适，在跪立时，建议你在膝盖下放置一些柔软的东西，如运动垫或枕头。

跪姿前屈

01 跪地，手臂向前伸展。

02 屈上身向前，保持手臂水平。

03 保持上身直立，用肩部带动手臂向各个方向转动。

每日运动：将每个跪姿体位重复 10 次（左右两边都要重复）。

我 的 心 得

一些人认为下跪是懦弱和自卑的表现，恰恰相反的是，很多权力始于臣服。在运动中，屈膝对力量和平衡有所要求，因为我们必须以一种稳定的姿势控制身体的重心。更为重要的是，在帮助他人的过程中，我们需要能力，也许是谦卑。

站姿热身

你会想到，仅是站起来就需要花几天的时间吗？当然，我们本可以早点站起来的，但是可能会错过一些重要的阶段和好处。作为成年人，我们会认为站立是理所当然的，但是不要忘记很久以前我们是如何做到这一点的。此外，因为我们大多数时间都是以直立姿势进行移动，所以其他的姿势可能包含了我们追求更好的健康、健身和日常表现的秘密或直立姿势所不具备的好处。也许在跪姿中进行的动作可以提高你走路或跑步的能力。或者从俯卧到仰卧，在地面上滚动你的背部，会使你的背部感觉非常舒服，而且背部功能也会变得更好。或者，现在我们已经到了为站立姿势的热身运动做准备动作的阶段。

在一连串热身运动中，我们第一次依靠脚和脚踝来支撑我们的体重和动作。有多少次我们忘记了脚在运动的过程中所扮演的重要角色？尽管这部分的热身运动不只是集中在脚上，但是它们会感觉到身体的重量，以及身体需要被激活。

显然，移动身体从 A 点到 B 点，直立姿势是我们默认的运动方式。当人们想要走完一段路程，走路或跑步是效率最高的。在脚开始着地、移动之前，我们可以通过一个地方的移动，并且使用静止的运动模式来激活身体，让身体热起来这种方式来为运动做准备。当然有很多方法可以做到这一点，我们将使用三种不同的模式来完成这项工作。

划圈、伸展和蹲类属于基本运动模式的范畴，其涵盖了腿部、臂部以及躯干的一系列动作。身体的大部分肌肉都是积极参与的，它们以更大的单位协同运作以进行所想的运动。这些模式通常受到任务的驱使，要么是一个真实的任务，比如从洗衣机里拿衣服，要么是锻炼中的任务，为了在锻炼中达到一定的效果，如为了激活腹部肌肉，手臂在头顶转动。

以下这些不同的全身运动涵盖了运动的方向和深度，能够为后期的安全运动奠定坚实的基础。

髋部画圈

01 站立，髋部画圈。

02 手臂伸至头顶，髋部画圈。

伸展

站立，手臂伸展，向不同方向画圈。

半蹲

01 双脚小于肩宽。

02 双脚大于肩宽。

03 双脚内斜。

每日运动：重复每个站姿体式 10 次。

我的心得

现代社会的许多活动都涉及精确的动作，此时常常只有孤立的、小块的肌肉在活动。想想用电脑或手机发短信：不需要大的动作，较大的肌肉只是被“奴役”来保持姿势，因为这项任务主要需要控制手指。不久以前，大的运动在很大程度上是日常生活的一部分，如劈柴、挑水、铲土、盖房子，等等。我们的健身和运动的一个目标是保护生活中那些“濒危”的大型运动模式，不仅仅是为了对其进行保护，也是为了我们的健康和未来。

单脚站姿热身

从卧姿到完全站立是一个过程，是一系列不同体式和运动水平变化的结果。这个过程并不仅仅止步于站立体式，而是会继续到单脚站立体式，这很好地体现了人类运动动态性的特质，同时体现了身体整个系统协调运转，创造奇迹。仅靠一个支撑点完成进行的动作，比我们所知道的要求得更多，虽然我们整天都在做，到处都在做。步行是一种动态平衡“锻炼”形式，因为身体会随着与地面接触的点的移动而移动。踏步、跑步、跳跃和单脚跳都需要对单脚站立姿势进行瞬间的控制，单脚站立姿势在一系列动作中的地位是不言而喻的，也是非常必要的。

单脚所完成的体式和运动，从本质上来说，不管是静态的还是动态的，都是很多运动特质协同完成的结果，如力量性、平衡性以及协调性。从根本上来说，单脚运动对脚和脚踝有着很高要求，它们直接控制着单脚运动的状况，当然，是受大脑和神经系统的指导。

平衡性被认为是单脚站立时保持静止或不动的一种能力，但这就是平衡在现实生活中的样子吗？我们很少看到人们像火烈鸟一样单脚站着等公交车。想想看，除了体操和芭蕾，我们并没有太多的人尝试用一只脚保持平衡。另一方面，你可以看到周围的人都在不断地将身体的平衡从一条腿转移到另一条腿上（走路、爬楼梯），在任何运动中，只要脚一接触地面，就能够到、踢到、跳到、撞到。也许除了摆出火烈鸟的姿势之外，还有更多保持平衡的方法。

单脚站立体式练习动作如下。

单腿平衡伸展

①

②

01 一只脚站立，一只脚离地，稍稍屈膝，手臂伸展向不同方向，若有困难，可用脚尖支撑。

02 一只脚站立，一条腿抬起，逐渐抬至与地面平行，手触地。

每日运动：将每种单腿变体体式重复 10 次。

我 的 心 得

在职业生涯中，我注意到，在任何运动中，平衡是取得好成绩的关键因素之一。事实上，我认为平衡是很多人试图提高运动能力时的限制性因素。许多运动技能的获得需要很大程度的动态平衡。没有动态平衡，想要成功地获得运动技能是不可能的。想象一下，一个足球运动员控制着球，一个滑雪者在转弯中奋力滑行，或者一个网球运动员在强有力的前臂回位后改变方向。即使你的有氧能力或肌肉力量很强，没有很好的动态平衡，你的表现也一定会大打折扣。在日常生活中，我们所有人都面临着类似的平衡需求，只是速度和强度相对较低而已。平衡是人类运动的关键要素。

转换体位热身

“由下而上运动”的热身动作由以下六种体位构成：卧姿体位、坐姿体位、四肢运动、跪姿体位、站姿体位以及单脚站姿体位。这些体位都为身体提供了独特的挑战和刺激。每一个体位都把特定的焦点放在身体的某个运动元素或部位上。然而，健身和生活中的功能性运动是由这些姿势中的所有或者至少其中几种以一定的顺序组成的。当各个体式交替运动时，过渡性体式就变得很重要了。从地面站起来，并且以一个直立的姿势站起来，这与仅仅靠背部或腹部移动是完全不同的任务。最终，所有的动态运动都是过渡的——例如，步行时左腿和右腿之间的切换，跪着和站着之间的切换。我们如何在不同的体式之间转换，决定了我们的动作是流畅和有效的，还是笨拙和低效的。

在生活和体育活动中进行运动就像解决问题。我们每天都会遇到各种各样的问题，然后为它们提供解决方式。身体所提供的解决方案是由特定的人在特定的时刻针对特定的状况所特有的。这就意味着，动作是个体的，就像指纹一样，对所有人来说都是通用的，但对拥有细节的人来说是特定的。每个人在他们的环境中以不同的方式运动和解决问题。体式之间的转换不一定涉及对所有人都适用的最佳技术，但它取决于每个人和当时的情况所构成的许多变量。当然，有一些技巧和特点可以改善这些个人运动方案，但在热身阶段，我们需要发现和选择自己的转换方式。

“从下而上”有三个过渡“问题”需要你在热身阶段的后期解决。

转换 1 卧姿 → 屈膝

俯卧 → 屈单膝跪姿

仰卧 → 屈单膝跪姿

侧躺 → 双腿屈膝

转换 2 跪姿 → 单腿站立

单膝跪立（左脚向前）→ 左腿站立（右腿屈膝）

单膝跪立（右脚向前）→ 右腿站立（左腿屈膝）

双脚屈膝 → 左右腿交替屈膝、站立

转换 3 卧姿 → 坐姿 → 站姿

俯卧 → 坐立（双腿打直）→ 站立

仰卧 → 坐立（双腿打开）→ 站立

侧卧 → 坐立（大小腿呈 90 度或者双腿呈 90 度）→ 站立

每日运动：根据自身能力将每种变体动作重复 3 次。

我的心得

在健身指导中，我们通常非常注重正确的锻炼形式和技巧，特别是人们担心锻炼的安全性时，比如举重或学习某种特别技能。针对特定身体部位的方法可能要求精确的姿势和运动路径。然而在生活中，很多规则和技巧并不实用，因为我们下意识的运动，不专注于运动形式，而是专注于最终目标，即运动结果。基于这种原因，在没有意识到运动技巧和形式的情况下，教会身体解决运动问题也是很重要的。将各种姿势、动作连接在一起的过渡动作通常游离于规则和形式要求之外，并揭示出在潜意识层面（即生活中的功能）解决运动问题的能力。

心血管激活运动

做完所有热身运动之后，你可能已经感到“暖和”，甚至会出汗。这意味着你的体温已经上升到需要通过出汗来调节温度的程度。通过热身，肌肉组织运转得更好，呼吸道更顺畅，激素的分泌开始支持体育活动，此时身体的其他系统也能更好地为成功的运动做准备。当引擎冷却的时候，车子的性能不会达到最佳状态。提高体温肯定是热身运动的一个重要目标，我们可以使用很多方法来达到。

有氧运动可能是一种最常见的热身运动。由于步行、跑步或骑自行车等运动的连续性特质，它们会提高心率，同时加快呼吸频率，通常是准备运动时很好的选择。作为一种独立的热身运动，它们往往不足以使生理准备和心理准备达到最优的状态，却能充分发挥作用和实现目的。我们更喜欢在热身运动结束时——而非开始时使用它们，因为热身逐渐向更具活力和综合性的运动发展——从静止到运动。但是，有氧运动部分无论是放在开始还是结束，都可以自由地进行实验，这样对你的身体更有效。

哪种有氧运动最好？应该做多久的有氧运动？为了提高体温，提高呼吸频率，有很多有氧运动类型可供选择，也有很多健身器械可供选择。我们要记住，有氧运动的目的是“激活”，换句话说，就是让生理和心理为运动做好准备。如果是做一些缓慢、无聊和完全不感兴趣的事情，我们就很难激活身体，使身体兴奋起来，这会导致“失活”。因此，热身运动应具有目的性、动态性，并适当地将时间缩短。例如，慢而无意识的慢跑并不能起到激活作用，但一些短跑、各种跳跃运动或 5 分钟的前后快步走效果还行。在我们的锻炼中，每一分钟都是重要的，通过合理利用时间，效果会越来越好，从而为我们打下良好的基础。

在选择有氧运动，或者参与激活心血管运动模式时，建议你遵循如下建议。这一阶段所用的总时间通常为 1~5 分钟。

- 向前走，向后走，侧身走（交叉腿），倾斜、下降和摆动手臂。
- 结合不同的运动平面和方向，进行各种跳跃动作。
- 进行 10 次 20 米的冲刺，每次逐渐加快冲刺速度。

每日运动：做 1~5 分钟的心血管运动。

我的心得

我已经训练年轻人很多年了，我注意到从一开始就吸引他们的注意力是非常重要的，这也为整个训练定下了基调。有时吸引一群年轻运动员的最好方法是让他们做一些他们以前没有做过的事情，这不仅需要身体的参与，还需要他们的思想的参与。这种策略可以让教练监控训练者的体力和运动的方向。我个人认为，我设计热身运动的目的是让运动员开心、专注，然后积极参与——良好和刺激的环境也会迅速打开他们的心门。

热身组合运动

我们从地面开始热身，然后通过积极地移动和运动来完成它。在躺下和跑步之间，有很多体位和动作逐渐引领我们做一些直立体式，参与更有活力的活动。“从下向上运动”的整个过程就像一次小型锻炼，第一次做可能会有这种感觉。刚开始时可能会花费你 20~30 分钟，并让你感觉到有点累。当你做 5 次的时候，它只会花费你 15 分钟，让你更具活力，并为成功的运动做好准备。如果你还不习惯做太多，在开始阶段就做热身是一个聪明的策略。在锻炼中做“太少”比“太多”要好。

我们一直在加快步伐，增强能力，以做得更多。热身的不同阶段逐步构成了第一次完整的锻炼。总而言之，热身活动的核心由八个阶段组成。总结如下：

- 卧姿热身：每个动作重复 5 ~ 10 次。
- 坐姿热身：每个动作重复 5 ~ 10 次。
- 四肢运动：每个动作重复 5 ~ 10 次。
- 跪姿热身：每个动作重复 5 ~ 10 次。
- 站姿热身：每个动作重复 5 ~ 10 次。
- 单脚站姿热身：每个动作重复 5 ~ 10 次。
- 姿势间的转换：每个动作重复 5 ~ 10 次。
- 心血管激活运动：1 ~ 5 分钟。

请按顺序完成并记下你的感受：你感到精力充沛还是疲惫？特定阶段的热身是特别难还是很简单？你是否有投入心思在每个动作上？

通过对热身运动的各个阶段和变量进行调整，能够使热身更加个性化，满足自己身体的需要和承受能力。一个计划只有当你有能力调整它时才是好的。没有“完美”的热身或锻炼——每个人都不一样，每一天都不一样。

学会倾听你的身体并决定最合适的行动计划是一个解决方案，它能让我们经常做一些小的调整，让我们朝着正确的方向不断前进。

每日运动：按顺序完成从地面向上的每一个动作（见前文的图示及说明）。

我的心得

热身真的可以成为休息日或拥有繁忙日程的一天中的小锻炼。它适用于任何环境，不需要任何设备，甚至在酒店房间就可以进行锻炼，因为你需要的只是你的身体和地板。我在旅行时，没有健身设施，但也会坚持锻炼。如果热身能达到预期的效果，那么这将是开始新的一天的好方法，因为它能让你充满活力，不仅在身体上，也在精神上。短时间的运动可以成为你在重要会议或演讲前保持精力与热情的秘密武器，它也能激发你的思维和创造力。

Part >> 03

让日常需求引导你的健身 ——功能性健身

什么是功能性健身

你的个人健身之旅将进入下一个阶段，而你也将朝着目标前进。每个阶段都会引入新的主题，其中包括一些非常重要的原则和策略，为了实现既定目标，它们会引领我们进行最佳锻炼。为了把总目标分解成更小、更易管理和更容易实现的部分，旅程被分为不同的阶段。同样，旅程的不同阶段要求使用不同的策略，因为每个阶段的需求会改变——上山和下山是不同的，问问你的腿，它们会告诉你的。所有的阶段都会引领你朝着健身之旅的总目标前进，但是有些阶段可以更有针对性地满足你的需求和实现你的目标。

功能性健身到底意味着什么？由于大量相互矛盾的信息，对“功能训练”进行定义一直充满了挑战。许多人出于美好的愿望，走上了这条道路，却迷失在众多绚烂的技巧和器械的迷茫丛林中。实际上，在通往更好的健身之旅时，人们很容易分心或被误导，因为有很多有趣的和娱乐性的锻炼方法会令人着迷。一些最令人迷惑的方向——也是人们可能一开始就想弄明白的——往往标有错误性的“功能性训练”标志。有时，极限平衡训练被贴上“功能性训练”的标签；有时，举起重型拖拉机轮胎也被称为“功能性训练”。虽然这两个例子不一定都是错误的，但是“功能”的概念可能已经在“翻译”中丢失。功能的关键要素不在于设备或训练方式，而在于人体运动原理。我们将在功能性健身阶段进一步研究这些原则。

下面，让我们看看功能性训练的定义，以便理解为什么我们把功能性健身作为我们的首要目标。

功能（名词）的定义 1：对人或事物自然的或有益的活动或目的。

功能（动词）的定义 2：以适当或特定的方式运作或操作。

这两个定义能给我们一点提示，即“功能”与人体的自然或有益的运动方式有关，也与人体运作方式相关。也许观察人体以自然的方式进行运动的最佳地点不是健身房，而是其他地方——家、工作场所、游戏场所或运动场所。如果你想研究动物如何做自己的事，你可能更愿意去野外的自然栖息地进行观看，而非动物园。如果你想看一个人如何做他的事情（功能），只需看他在现实生活中是如何做的。这一事实将为我们提供功能性健身的起点，我们可以开始计划如何帮助身体更好地运动和工作。

请思考你的日常任务、姿势和运动模式，列出那些在你的日常生活中重复最多或最明显的。比如，走路、坐着、拿东西、骑自行车……请在下面列举：

1. ....

2. ....

3. ....

4. ....

5. ....

6. ....

每日运动：休息或适度运动。

我的心得

我必须说，我花了多年时间才没有被新的锻炼和设备分散注意力。经过多年的实践经验，我掌握了从原则到策略，最后选择练习的思路。通过从“功能”的原则开始理解它，我现在可以针对每个人、每个目标和每种情况选择方法和技巧。

上下楼梯

对很多人来说，日常体力劳动已经变得不那么费力了，其中部分原因是科技的进步和环境的变化。以前需要体力的地方现在只需按下按钮即可。这样的例子有很多，但是可能没有比从一个楼层移动到另一个楼层（比如从一楼到二楼）更好的例子了。随着上下楼梯的需求急剧减少，电梯改变了我们现实世界和生理环境中的一些东西。如今，人们经常被鼓励去走楼梯而非搭乘电梯，这是有原因的，但是加强体育锻炼真的是一件很难的事情。

如果你的住宅或公寓大楼有楼梯，那么你是幸运的，因为爬楼梯是我们的第一个功能性健身任务。它不仅是一项需要掌握的实用运动，而且是增强力量、平衡和耐力的好方法，因为单脚站立的时间更长。上楼梯比在平地上走路需要更多的平衡，它还要求你的下半身有更多的力量，更具体地说，来自你的腿筋和臀大肌。下楼梯也不是一件容易的事，尽管它与爬楼梯有很大的不同。现在是你的大腿前部——股四头肌承担着控制下楼梯这个阶段动作的主要责任。整个小腿的肌肉也在工作，越向下走就越难。这就像你每天只做一个动作就完成了一个完整的腿部运动——你为什么还要搭乘电梯呢?

我想你已经注意到，当你做了任何超过 10 步的事情，你的心脏和肺部就会加入运动。是的，它已经变成了心血管方面的一个挑战，同时，大腿肌肉要求更多的氧气，你肯定知道谁正在努力为它供氧。只需增加烟和热量，你就会知道消防员在高楼里灭火和救人时的感受。在功能性健身方面，我们不会做得那么极端，但是我向你保证，在爬了一段楼梯之后，你会感觉你的腿部肌肉就像着了火一样。

有很多创造性方法可以用于发展功能性健身，但是应用的主要方法应该是简单而具有针对性的，如上下楼梯，增加或不增加额外的重量。针对性是发展功能性健身的重要原则之一，它意味着训练任务应与真实任务本身相似，这其实是不言而喻的。如果你想提高打篮球的能力，你首先需要打篮球，如果你想提高爬楼梯的能力，你必须在楼梯上做大量的训练。在我看来，这很有道理。我们开始吧!

上下楼梯

01 上下楼梯，一次一步

02 上楼梯一次两步，下楼梯一次一步

03 侧身上下楼梯

每日运动：热身，然后安静地上下楼梯 10 次。

我的心得

达·芬奇说过："简单是最复杂的东西。"我从事这一职业的时间越长，就越同意他的观点。练习不一定要复杂或新颖才有效。然而，它可能需要一个新且不同的视角来激发你上下楼梯。对我来说，它是具体的技能或挑战：你能尽可能安静地上楼吗？侧身爬楼梯时你能一次跨两步吗？在下下一步阶梯之前，你能停一下吗？

伸展

许多传统的锻炼并不是我们生活中的实际任务要用到的，其中一些具有真实功能性任务的元素，另一些则与真实的运动环境无关。在日常生活中，除了锻炼，我们大多数人都不会做"胸部按压""屈腿""平板支撑""引体向上"等动作。这并不意味着传统的运动是不好的或错误的，只是使用它们时需要一个正确的理由和目标。为了增强日常生活中的运动能力，我们可以选择快捷方式，并根据我们在生活中所参与的真实任务来设计我们的锻炼计划，可以称之为"任务驱动"的方法或原则。别担心，在我们的运动项目中也有很多传统的练习，我们稍后会讲到。

生活中，成百上千的动作是由我们的手发起的，如抓起某样东西、捡起某样东西，或者伸手去触摸我们能够触及的范围内的某样东西。我们一般把这种行为称为"够东西"。当然，这种行为始于大脑或内心的意图，然后才成为这种意图的一种物理表征，就像手开始向水杯移动，是为了抓住它并从中喝水。在你的一天中，有很多这样的行为，其中一些就像拿起一支铅笔一样轻松，而另一些则需要更多的努力，比如手伸进车里把孩子从汽车安全座椅上抱起来。一些动作直接指向地面，一些在我们头顶上方，一些在我们身后，使我们的头和身体随着“够东西”这样的动作旋转。有时你用两只手去够，但通常只用一只手。

你是否发现“够东西”是有很多变化的一种日常运动模式？在典型的锻炼计划中你看到了多少这样的动作？根据“楼梯”任务中引入的针对性原则，我们应该在功能性健身计划中加入“伸手够东西”这个动作。这时你可能会挠头发出疑问：“我们不是要训练腹肌、腿和肩膀吗？”这是一个很好的问题。不过，我将回答另一组问题，就像一个聪明的律师：“如果你的手够到地面，你的腿在工作吗？如果你的手交叉在身体上，然后快速向后伸，你能感觉到你的腹肌在运动吗？如果你手里拿着一个很重的东西，那么你的手臂会感到累吗？”之后我会说：“法官大人，没有其他问题了。”

功能性健身的伸展部分由三种不同的伸展运动构成：

伸展运动

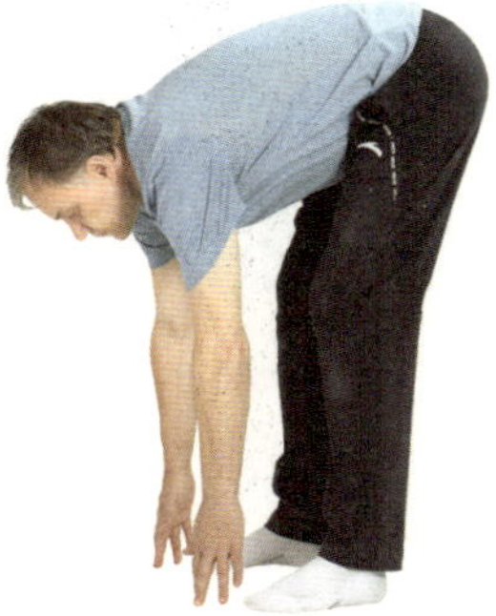

①

01 俯身，双手向下伸展至脚尖处，然后起身越过头顶。

②

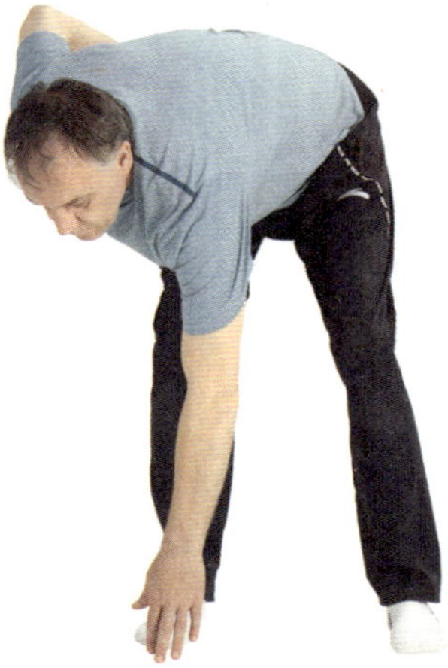

①

02 俯身，一手向下伸展至对侧脚部方向，同时另一只手向上伸展。

②

①

03 俯身，双手向下伸展至身体的一侧，然后起身向另一侧向上伸展。

②

每日运动：将每种伸展运动重复 10 次。

我的心得

不得不说，“伸展”作为一种锻炼的理念可能不会被年轻时的我认同。在我 20 多岁的时候，我可能会把深蹲、卧推、引体向上和压腿看成是有意义的锻炼。如今这些动作在我的健身计划中仍有一席之地，但是，随着观念的加深，从本质上来说，我的目标变得更有实用意义。运动，除了肌肉的大小和运动的阻力，还有更多方向。

蹲起

“服从万有引力，这是定律。”一张画着牛顿的脸的照片上写着。是的，引力一直以巨大的方式影响着我们，除非你离开地球进入失重状态。地心引力是把地球上的一切东西推向或拉向其中心的物理力。它以不同的方式影响着我们的运动。如果你躺在地上，当你坐起来时，重力会阻止你。另一方面，在你向下运动的过程中，重力又会以某种方式帮助你。如在没有肌肉控制的情况下向下运动，你可能会像一块湿抹布一样掉下来。我们的身体被设计来与重力和其他物理力量一起工作。如果没有这些力量，就像宇航员在太空中所经历的那样，我们的肌肉和骨骼将会因为得不到充足的运动而退化。在我们所处的环境中，发展肌肉、强健骨骼的首要原因是对抗重力的影响。

当你蹲下系鞋带时，你需要一种缓冲的机制来减缓万有引力对你造成的影响，并且以一种控制的方式蹲下。这一阶段的动作和站立阶段所需要的力量是不同的。站起来更多地产生作用力，跟万有引力相对抗。这个阶段是协同合作、相互存在的。另一种，以生物力学的方式来描述就是，肌肉和其他弹性元素会拉长，以降低身体到达地面，并在站立的过程中缩短。简单点说，这些弹性元素像橡皮筋一样拉伸和储存能量，然后收缩，利用储存的能量和肌肉力量完成工作。这是在人体中起作用的另一个原理，正如应用功能科学的创始人所描述的那样，也被称为装载和爆炸或装载和卸载。

当你俯下身来系鞋带时，很多东西都在起作用，但是也不能把事情弄得太复杂。基于具体性原则，我们知道蹲下和站起成了我们的“锻炼”，这就是我们想要改善的锻炼。你跪下来系鞋带有多费劲？起床容易吗？你需要扶着什么东西才能站起来，还是用手向下撑着大腿才能站起来？通过使日常运动模式包括纵向位置（从蹲下到站起）的变化成为我们健身计划的一部分，我们可以提高特定的运动能力，并增加整体力量。我们将通过选择三个稍微不同的变体来整合不同类型的蹲姿。

蹲起

①

②

01 蹲下（系鞋带或搬重物），然后站起。

③

02 蹲姿前进，在前进中逐渐站起。

①

②

③

03 分别向两侧侧蹲（一条腿向侧面打开，同时蹲身）。

①

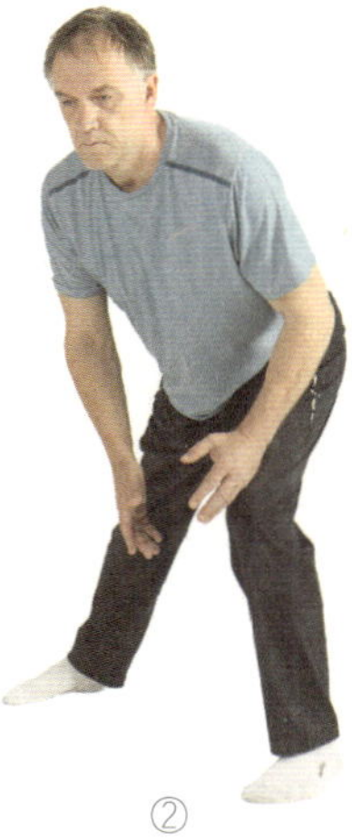

②

每日运动：将每种蹲姿重复 10 遍。

我的心得

蹲坐是环境、生活方式甚至文化对我们运动品质造成影响的一个很好的例子。我曾经生活在一个几乎不需要蹲到地面的环境中。我可以很容易地过我的成年生活，而不用蹲到椅子或马桶座圈的高度。在许多国家，蹲坐是交谈、吃饭或做其他事情的正常姿势。我觉得在一些发达国家中，我们的许多运动模式正在受到威胁，这对我们的功能、健康甚至安全都产生了负面影响。随着年龄的增长，除了保持生活质量外，能够降低自己到地面并重新站起来是一种真正的生存技能。

运载

你能想出哪些“运载”的动作？首先，想想你自己的生活，然后设想你是一位农民、盖房子的工人或家具搬运工，在20秒内你能列举多少“运载”的方法？即使我们能够免除很多基本的来自生活中与体力劳动相关的运动，运载这个动作依然是生活中的一部分，至少在某些方面是。你可能不会在肩上扛着一根圆木或从井里提一桶水，但是你可能会提着杂货、行李箱，拿着随意摆弄的物品或抱小孩。你可以用一只手或两只手拿东西，你可以把胳膊伸直放在身体两侧、膝盖上、肩膀上，甚至头顶上。尽管如此，这些差异巨大的运载方式仍然有一些共同之处。

通常情况下，“运载”的意思就是支撑着某物的重量，从一个地方移到另一个地方。运载是指手里提着东西，比如行李箱，或者用双手抱着一堆柴，然后去向别处。它是一种功能性很强的任务，将利用上臂支撑重量的动作和腿移动的动作相结合。在搬运的过程中，当重心偏离通常的位置，从而使重力分布不同时，支撑物体的中心部位或核心部位就变得非常重要了。你可能已经注意到，用身体的一侧负重往往比用双手均匀负重更困难。一只又大又重的行李箱是最难移动的一种物体，特别是在上楼梯时。当挑东西的杆子变长，即使是一个很轻的物品，偏离身体很远时，也会成为一项艰巨的任务——这就是为什么把婴儿小心翼翼地放在安全座椅里是一项如此困难的体力工作的原因。当然，你可能是搬家队伍中的一员，在此，搬运不仅测试你抓握的能力、手臂力量、核心部位的稳定性和灵活性，还考验你的耐心、毅力和团队凝聚力。

我不知道我是否需要进一步证明“提”是功能性运动模式中的模范代表，但是，让我们增加一个事实：搬运就是拿着东西并将其从一处带到另一处。下半身的运动模式通常是走路，尽管由于环境因素，这个任务可能要求侧身走、倾斜走或蹲着走和完成一般的平衡任务。在某些情况下，“拿”也与背一个背包或其他支撑系统有关，这样双手就可以自由地配合走路的姿势或携带其他东西，如果你是士兵或猎人，可能还会携带武器。

正如你所注意到的，有很多东西（甚至人）我们可以随身携带。为了达到锻炼的目的，这些物体对你的操作来说是安全的，但仍然要足够重以引起一定的刺激。我们不会给你固定的阻力，因为我们每个人家里都有各种各样的重物。不要挑选冰箱或沙发当作你的锻炼工具，而是要根据运动挑选相当于你体重 10%~20% 的物品。

你可以单臂伸直提着物品，放于身体一侧，也可以双手抱着一个物品靠在胸前，用双臂支撑，或是将物品放于肩上扛着。

每日运动：把每种你能想到的运载动作做 30 ~ 60 秒。

我的心得

在不同的环境中携带东西揭示了生活中功能性任务的真相——它不总是方便、舒服或者可控。手里拎着或抱着东西，同时绕过障碍物，就像人生也会遇到困难一样。我们的生活并没有配备完美尺寸的把手和缓冲角，相反，往往有奇怪的形状和锋利的边缘，使得携带不那么方便、舒适和可控。随身携带物品也有一些额外的“好处”，它能刺激我们塑造性格和心性，使我们的内心更加坚强。

弓步

如果我们让五个人去做相同的体力活，他们会以不同的方式去做。这些动作很可能彼此相似，也可能有很大的变化。如果我们看到五个人在街上走的时候遇到了一摊水，为了不打湿自己的脚，他们会使用不同的策略。他们中的一些人可能会通过跨一大步，甚至跳跃来越过水坑，其他人可能会找到绕过水坑的方法，一些人可能会倾向于另一种解决方案。为什么同一个问题会有不同的解决方案？简单地说，我们所有人都是不同的，因此我们的解决方案也是独一无二、与众不同的。即使要求每个人用同一种动作来完成任务，例如跳跃，我们仍会发现每个人的跳跃是不同的。

根据完成任务的个人特点，执行同一任务的变化是无限的。个性原则提醒我们这个事实。当然，在运动中也有很多共性。例如，我们所有人都把迈步或弓步作为日常生活的一部分。弓步可能有很多不同的变化和功能性目标，但是基于某种原因，所有直立行走的人都靠它走路。有些弓步是我们在健身房学到的，所以我把它叫作“健身房弓步”。它们是根据特定的技巧或锻炼规则来进行的，而且学习这种弓步也是有好处的。在旅程的后面部分我们会接触到。但是在我们的生活中，在体育馆之外的其他地方，弓步会以不同的形式和流行体式出现，并且它们总是受到运动目标的驱使，我们可以依据相关的个人性格特征去完成它。

弓步，作为一种运动模式，用于靠近某物或远离某物。弓步是将身体水平移动，而蹲姿则是垂直的。在大多数变化体式中，它需要平衡、灵活性和力量。有时候弓步与上半身运动相结合，如伸出手、击球或接球。但是，为了确定一个既定的空间，它经常是将身体朝一个方向移动的动作。弓步可以是一个单一的反复回到起点的动作，也可以朝着一个既定方向做完一系列弓步。这项日常运动任务给你目标，以及出于好意，会设置一些障碍，从而梳理出具体的弓步行动。

弓步

01 迈开一条腿呈弓步，身体前倾，另一条腿与上身在一条直线上。

02 继续弓步，压低身体，尝试将手放于地面。

连续弓步

01 弓步前进。

①

②

02 尝试在弓步前进过程中一手接物。

每日运动：将每个弓步变体朝不同的方向重复 10 次。

我 的 心 得

生活中充满了我们没有注意到的一些动作，因为它们是自动的、下意识的。很多迈步和弓步不需要精神上的努力和意识的专注——它们就像在后台运行的基本软件，当有问题出现或事情不像往常进展得那么顺利时，我们才会关注它们。但是，如果我们想让日常运动更有效和更安全，这些就是我们要发展以及维持的动作。功能性健身是指在最大限度利用身体及其机能的情况下，以最少的能量消耗来实现目标。

站起来

在一定空间内，以各种方式移动自己的身体是所有功能性健身运动的基础。在增加外部阻力之前，你需要演示如何利用你的身体安全而成功地执行一项技能或运动模式。正如之前在“从下而上”运动中提到过的，从最低的位置站起来是对许多能力的测试，它们为一个共同目标而努力。同时，你需要灵活性、平衡性、协调性和力量性使身体进入站立姿势，并与重力相对抗。所有的功能性健身任务都证实了身体内部需要所有系统协同合作（俗称整体性原则）这个事实。在日常运动中，我们的肌体知道没有单打独斗的任务，整个系统只有协调合作，才能完成任务。换句话说，功能性健身的目标之一就是提高整个系统或部分系统之间的合作能力。

使徒保罗在谈到教会时写道：“若一体苦、百体同苦；一体荣、百体同荣。”人的身体也是如此。它们相互关联，以至于如果身体的一个部位受伤或者不能合理发挥它的作用，身体其他部位也会受到牵制。实际上，脚部出现功能障碍或损伤可能会导致臀部、背部甚至颈部的问题。同样，一只功能最佳的脚可以让身体其他的部位很好地完成它们的工作。功能性健身的最终目标始终是提高整个系统的团队合作能力，但有时在训练中需要某种程度的“隔离”，以增进特定团队成员的健康、提高它们的表现。

从地面站起来，真的需要一个团队的共同努力。单靠力量或柔韧性是不行的，所有的肌肉和关节都要参与其中，不同的力量共同协助我们站起来。从俯卧（仰面朝下）到“站起来”有一些变化，其中包括推动并支撑着上半身，同时伸展下半身的腿，以便完全站起来。随着每一步的进展，这些变化变得越来越具有挑战性。

从卧姿到站立

01 从直臂俯卧（高位俯卧撑）起身。

①

②

③

02 从胸部着地俯卧（低位俯卧撑）起身。

①

②

③

你也可以尝试从仰卧开始，翻转身体并起身。让这个动作一气呵成，看看是否有困难。注意在这个过程中，使用你的手臂来帮助推动并支撑上半身。这个动作将调动你全身的部位共同参与，对于锻炼协调性也有很好的作用。

每日运动：做 10 次从地面起身的动作。

我的心得

如果要我连续 10 次从地面起来，而且以我喜欢的方式站起来，我总是会用到同一只手和手臂把自己往上推，并且当我从坐姿到跪姿时，我总是向臀部“紧”的一侧倾斜。依赖你喜欢的动作模式是很自然和正常的，我们无论如何也不能轻易改变那些潜
④ 意识的习惯。如果你观察自己的动作和左右侧的使用情况，你会注意到这些动作习惯是多么根深蒂固。然而，在功能性健身训练中，为了使身体保持平衡和发展技能，我们应该练习身体的两侧。我们知道，身体是作为一个整体在运转，通过改善不太占优势的一方，我们也间接地帮助了占优势的一方。

步行

在机动车或动物拉车之前，人们在陆地上行进主要靠步行。今天，我们仍然会步行，但距离不长，总体上当然也不能跟一百年前或一千年前相比。除非你住在乡下或不那么发达的地方，否则，跟那些把散步当作他们主要运动方式的人相比，你每天的步数可能不那么令人印象深刻。总的来说，在数量上，甚至在质量上，步行在我们的一生中已经急剧减少。当然，更值得关注的是，不运动随之而来的就是健康问题。虽然步行量已经大大减少，但是步行作为主要的运动模式，它的作用仍然没变。我们大多数人不会走路去上班，一些人甚至不会走路去街区附近的邻居家，但是我们仍然得走路——走路去检查信箱，从停车场走路去商店，走路去厨房开冰箱。

重点是无论你在哪里，步行是你绝大多数时间都在使用的运动模式。你为什么不爬着去检查信箱？或者像一只兔子一样在家里从一个房间跳到另一个房间？基于何种原因，你最常选择步行而非另一种运动模式去目的地？我想，回答这个问题，最简单的答案就是：我们习惯走路，因为这是最有效、最可持续、最安全的身体旅行方式。人体构造、设计和生理机能是最适合行走的，除非有其他的限制变量，如时间或空间。如果一头牛正在追你或你需要过隧道，你就不会走路了——你很可能会选择一种更适合你的运动方式来完成这段路程。再说一次，走路是我们主要的运动方式，因此天生就具有功能性。功能性健身计划必须提高我们的行走能力：慢的，快的，向前的，向后的，上坡，下坡，有负荷的，无负荷的，在平坦的和不平坦的地面上，以及在许多其他方面。

步行作为一种运动，可以通过提高生物机制效率和发展有氧能力来训练。效率告诉我们工作量的完成和所消耗的能量息息相关。中枢神经系统对保存我们的能量感兴趣，然后据此控制着我们的行为。我们可以练习运动技能，提高身体内部系统的团结协作能力，从而提高工作效率。同时，有氧能力也会因为常规的心血管刺激而提高，比如散步或徒步旅行（考虑到它足够频繁和具有足够的挑战性）。工作能力的提高可以让我们在日常生活中做更多的事，可以抵抗疲劳。

我们的功能性健身计划旨在提高生物力学效率和有氧能力。你可以从下面选择一个项目作为日常功能健身计划的一部分：

- 步行 10~30 分钟，步幅可分为长、短、宽、窄。
- 在不同的斜坡上行走 10~30 分钟（在上坡和下坡之间交替）。
- 在你选择的地形上间歇性加速行走 10~30 分钟。

每日运动：选择一种步行方式，行走 10~30 分钟。

我 的 心 得

对我来说，步行就像一个重置按钮，感觉它就像为身体所设定的一个校准，可以测出身体是否处于消极状态、有压力状态或是不太正常的状态。没有其他运动能为我提供相同的设置——它促进恢复、再生和整体平衡，不管是身体上、精神上还是心灵上。步行是一种自动化的运动模式，它不需要意识方面和大脑认知的很多资源，这也让它成为创造力和解决问题的一种催化剂。我在头脑中打过很多智力结，但在林中散步时它们似乎自然而然就解开了。

同时处理多项任务

拥有同时处理多项任务的能力对员工来说是最渴望的一种“技能”，至少，如果你相信不同雇主发布的招聘信息的话。尽管同时处理多种任务被谴责为完成有价值工作的最糟糕方式之一，但在大多数工作场所，它可能仍然是必需的。很容易理解的是，如果你试图同时处理很多脑力和认知任务，犯错的概率会增加，并且总生产率也会下降。体力劳动也是如此，它要求意识的努力和专注。另一方面，通过足够的练习，可以同时完成几种有难度的技能。举个例子，你见过小丑变戏法的同时还骑着独轮车吗？同时含两个复杂的动作任务，这怎么可能呢？答案就在于掌握一项任务或技能如此之好以至于它不再是有意识的，而是潜意识的。第一项动作变成“自动化”，不再需要意识的全程关注，然后可以加上另外一种运动。这使得在许多运动和娱乐场所，以及日常生活中，都可以实现多任务之举。

想想你自己的日常任务：你是不是一边走路一边做别的事情？甚至边走路边用手机发短信？我们很多受任务所驱使的运动模式都是“自动”的和下意识的，并且可以和其他的运动结合起来。如果你曾经看到一个父母同时照顾几个小孩，那么这应该是你见过的多重任务最完整的形式。总的来说，在日常生活中，将运动结合起来的最典型的方式就是上半身在做一个动作，同时下半身在做另一个。通常情况下，上半身的运动会和下半身的运动相结合来实现共同的目标，即完成一个具体的任务。例如，为了拉开橱柜最下层的抽屉，我们需要蹲下的同时伸手去拉抽屉把手。有时候这些动作之间是不相关的，身体同时执行两个独立的任务，比如走路时发短信。许多运动包括像跑步这样的运动技能，以及同时利用上半身去接球这样的技能，这是结合的动作。

许多典型的锻炼在多任务方面不会对身体和大脑造成挑战。而且，对于许多健身目标来说，它甚至可能不被需要。但是，为了达到更好的功能性健身效果，运动的结合是一个自然的过程。这种运动相结合的想法不是为了混淆，而是为了挑战系统，使之变得更具适应性、灵活性，以适应生活和运动的需求，在此，“多任务”不是一种选择，而是一种必要。在开始时我们可以进行一些简单的组合练习，然后随着刺激需求的增长而增加复杂性。

这里有一些基本的组合功能健身多任务。

蹲＋伸展

01 半蹲（也可以是侧蹲），并向不同方向伸展手臂。

①

②

02 弓步，并向不同方向伸展手臂。

①

②

③

步行 + 伸展

步行（向前、向后、横向跨步），
同时向不同方向伸展手臂。

每日运动：尝试三种不同的组合动作，每种重复 10~15 次。

我的心得

作为两个小孩的父母，我的家庭生活充满了功能性任务，这些任务结合了很多动作：抱着小孩，提着洗衣篮或购物袋，同时在狭小的空间、楼梯和地面上的各种障碍物之间穿行，这些在我家是非常正常的。尽管大多数任务不是非常费力，但是同时做很多事确实很挑战我的能力，很多情况下，需要把大肌肉动作的任务，比如抱着一个孩子，与精细的动作技能结合起来，比如用钥匙找锁眼，或者往杯子里倒热咖啡。总的来说，良好的身体机能绝对是家庭和育儿活动中的一项优质资产。

本章总结

在这一阶段，我们一直在发现一些原则，这些原则引领着我们更好地进行功能性健身。我们尝试应用它们，并且感觉到身体的变化。这个阶段最重要的一个发现可能就是功能性运动训练的简洁性和针对性。简而言之，它可以被总结为“你想要提高运动能力，你必须去做”。这听起来可能是不言而喻的，并且也是符合逻辑的。很多人接受了这样的观点：为了实现生活和运动中的目标而进行的功能性训练需要特殊的工具和训练，其实并非如此。虽然花哨的设备和新颖的训练方法可能会使健身训练更有趣或更有娱乐性，但它们可能不会增加任何训练的效果，甚至相反。

人体运动原理和运动生理学原理是设计有效和安全的训练计划最可靠的工具。这些原理包括以下要素：

- 针对预期结果，训练需要有针对性（针对性）。
- 人体运动受“任务”的驱使（任务驱使）。
- 地球上的一切都受物理力的影响（重力）。
- 人体运动包括增加负荷与不增加负荷进行运动（负荷—非负荷）。
- 每个人都是基于个人特点进行运动（差异性）。
- 人体各个部位协同运作（整合性）。
- 中枢神经系统致力在运动中有效利用精力和资源（效率性）。
- 生活和体育中的运动是下意识的（下意识）。

所有的功能性任务和动作都受这些原理的影响。它们是简单的，同时又是复杂的。这些原理很容易被理解并以基本的方式被应用。但是，它们也是真正的智慧，足以承载针对高级运动员所提出的核心训练法则。

学习运动训练的基本原则以及如何运用这些原则，是我作为国家队教练生涯中最重要的一课。

Part >>

04

身体是最好的器械——自重训练

尝试将你的身体作为锻炼器械

你最常四处移动的是自己的身体，即自己的重量。能够掌控你赖以生活和靠之运动的自重是合情合理的。健身计划中，我们可以利用万有引力所产生的阻力以及身体来培养诸如“力量”这样的基本特质。许多人在利用健身设备之前急于去寻找一种外在的阻力模式，因为没有这些设备他们就没法运动。也许有些人认为力量只能通过像哑铃和健身器械这样的装备来发展。或许人们还未明白自重是如何用来刺激肌肉和力量增长的。当然，一旦基础建立好，附带外部阻力的器械就变得很有用了。但是，在没有利用自重建立力量这个基础阶段，很多练习都是不必要的、无效的，甚至是危险的。

也就是说，安全有效培养这方面能力的最大限制性因素和力量相关，或和缺乏力量相关。很多人生活中不需要重复一些运动模式来发展或保持力量。如今，我们不会像我们的父母或祖父母一样干很多体力活，除非你是做建筑工人、搬运工或农民等职业。但是，对大多数人来说，日常生活中对力量的需求只是偶尔出现，不足以刺激我们进步。事实上，我们甚至不会注意到我们的体力在下降，直到它成为日常功能性训练中控制体重的一个限制因素。

我最喜欢的关于力量的定义就是：“产生内部张力和对抗外部压力的一种能力。”就自身体重而言，它意味着抵抗力或重力和地面反作用力的能力，并对阻力施加力，以产生所需的运动。实际上，蹲姿运动或俯卧撑可以很好地证明这一点。

通过将身体进入特定的姿势，并且分配特定的运动任务，我们可以练习“技能”或“运动模式”，专门梳理提高力量的组成部分。这些运动模式并不总是代表我们进行自然运动的确切方式，但是它们的好处就在于为生理构造创造超负荷训练，从而引起力量的发展、肌肉的增长。这就是为什么力量训练经常包含对技巧和形式更具体的说明，并且不似生活和体育活动中的“自由运动”那么自然。

在此阶段，我们将学习最常见的力量型运动模式。根据超负荷、渐进、个性化的原则，在有控制和注意细节的情况下实施时，它们简单有效且安全。

我的一些年龄较小的学生和运动员经常学习并练习这些运动模式。它为更多复杂和快速的运动奠定了基础。很多这样的运动都可以增强力量，它们在增强力量之外，也是增强柔韧性、平衡性、协调性和专注力的工具。把它们作为技能来教授和学习是非常重要的，一旦练习足够，这些技能就会伴随你一生。我曾听聪明人这样说过，“如果你学会了骑自行车，你就总是会骑自行车”——这就是真正“技能”的力量。

深蹲

大多数练习都是以“技能”的形式教授的，并带有跟动作技巧相关的特定要求或标准。每项训练技能或技巧都跟预期的运动效果相关。在力量训练中，更大的阻力或更快的速度会给错误留下更少的空间，因此，这项技术也是为了安全而教授的。总之，除了增加力量，力量训练还能够增加总体运动能力和增加肌肉群。任何在健身中有功能性、运动性和审美目标的人都将从有融入力量训练的健身计划中获益。也就是说，在某种程度上我们如何运动和训练能够提高身体的力量呢?

重要的是，我们要认识到所有的要素是使机能和表现达到最佳状态所必要的。力量是人体运动的团队成员之一，需要与柔韧性、协调性、平衡性和耐力相互配合。有时候，一次专注一个要素，挑战它使之成长，使之发展到一个新水平是一个很好的主意。当我们旨在提高机体力量时，需要选择一些专门刺激身体抵抗外力的能力的策略。

蹲姿有很多形式，上半身保持直立主要通过三个部位来进行：脚和脚踝、膝盖和髋关节。进行力量蹲时，我们将关注限制脊柱和上身运动的限制性因素，在利用自重力量训练阶段，其他的变量包括运动的速度和节奏。我们倾向于快速运动，并利用重力和冲力来获得好处，但是对于基础力量训练，我们的目标是从慢速运动开始，并在规定的时间内持续进行该动作。

在此介绍两种不同的深蹲。

宽距自重深蹲

两脚与肩同宽，大臂打开，双手放于头两侧做深蹲。

窄距自重深蹲

两脚并拢，大臂打开，双手放于头两侧做深蹲。

每日运动：将每种深蹲变体动作缓慢完成 10 遍。

我的心得

我认为造成青少年和成年人肌肉和骨骼损伤的主要原因跟缺乏一般运动有关，更具体一点说就是缺乏力量训练。证据似乎指向同一个方向。如果我们的日常活动正在挑战我们身体的极限，那么身体迟早会以某种方式垮掉，这只是时间问题。但是，如果我们可以建立一个缓冲区，一个高于日常身体需求的阈值，我们的能力就不会被推到极限，而且我们也能更好地抵抗外力。

单腿蹲

通过设计，人类运动遵循交替和循环模式。当你走路时，一条腿在前边，另一条腿在后边，手臂亦是如此。我们的大多数运动都属于左右两侧的交替运动模式。对人类来说，这是最有效的运动方式。通常情况下，我们不会像袋鼠一样，两只脚同时跳向前方。当然，如果我们愿意，我们也可以。重点是，对人类来说，身体左右两边交换角色是很自然的事情。如果你观察人类走路或跑步，会发现我们的前后腿在不断变换位置。这就是为什么我们想要在健身计划中展示人体运动原理的原因之一。

然而，在常规的深蹲运动中，两边同时做同一种动作，在一种最为出名的单腿蹲动作中，前腿动作和后腿动作是不同的。将双腿前后分开或左右分开，会为承受更多体重的一侧带来更大的力量挑战。常规的深蹲让双腿各承受一半的重量，而单腿蹲时双腿所承受重量比例可能接近 7:3。除了较重的阻力外，不同的姿势还以各种方式针对肌肉动作和关节进行运动。单腿蹲不仅在发展下半身力量方面成效巨大，在运动和平衡方面成效也是巨大的。

在进行单腿蹲时，一种典型的感觉就是腿部肌肉的“灼烧”。这是由于在单腿蹲运动中，肌肉处于持续的紧张状态。尤其是大腿前部，也就是众所周知的肱四头肌，将会努力助你有控制地上下移动，同时，很多肌肉也在助你保持平衡。在开始的时候，关键是要在运动范围内慢慢移动，特别是在下降的时候。你也可以从一个小范围的运动开始，然后一点一点地增加。

我们将学习两种不同的单腿蹲姿：

箭步蹲

箭步蹲，一只脚在前，一只脚在后。如果后膝着地，跨步的距离足够大，双膝关节可呈 90 度夹角。

半蹲侧移

半蹲，然后一条腿侧移。双脚的距离大约是常规蹲姿的 2 倍宽。

每日运动：将每种单腿蹲姿缓慢而有控制地重复 10 次（每侧）。

我的心得

我将分腿深蹲用于训练力量和平衡，因为这是最为完美的结合。我已经看到了柔韧性的改善——通过整合力量和灵活性这些元素，这是普通拉伸所不能提供的。就像身体的不同部位和系统一样，它们所衍生的特质似乎在“团队”中表现得最好。运动中没有任何事情是孤立发生的。

引体向上

你不需要成为国家体操队的一员才能将引体向上纳入你的健身计划。有各种不同的引体向上，日常锻炼中可以将其进行简化。

尽管双手垂吊在单杠上进行引体向上是一种很好的锻炼，但是它可能不适合你的需求，也不适合你在实现目标的过程中所处的阶段。在参与要求抓握和悬挂的活动之前，我们需要确保有一个安全和合适的地方以及器械可以做这件事。如果你没有上拉杆或其他坚固的地方可以悬挂，我建议你买一套悬挂吊带，可以固定在门框、楼梯、树枝、屋梁或类似的东西上。

当然，引体向上属于牵引动作的范畴。它有很多好处，除了增强上半身大肌肉群的力量，如肩膀和背部，也发展了抓握力和核心力量，通过放松，可以用来进行很好的全身伸展（悬挂身体，脚触地或离开地板并保持一会儿）。

引体向上所产生的阻力取决于动作所发生的变化。传统的不接触地面的引体向上需要提起整个身体的重量。另一方面，倾斜式引体向上，身体斜倚，双脚着地，提起的大概是身体重量的一半。你也可以使用工具，如橡皮筋，以协助所需的运动。引体向上的握拍方式可以是上手握，也可以是下手握，双手之间的距离大约与肩同宽。就像所有的力量运动技能一样，我们更喜欢从一个可控的运动开始，尤其是在向下运动的阶段。

成功进行任何牵引动作的一个关键就是肩胛骨运动。肩胛骨就是你上背部的两块骨头，它被设计用来自由运动。在上拉（引体向上）练习中，正确的肩胛骨运动是通过保持背部挺直和允许手臂的全方位运动来实现的——从伸展到完全弯曲。

除了常规的引体向上，你还可以练习变式引体向上——倾斜式引体向上（用拉力带，身体站立后倾）和直臂引体向上（身体完全垂吊），这会让你感受到不一样的用力方式。

每日运动：重复 10 次引体向上或增加 10 秒悬挂。

我 的 心 得

在我家里，门口有一个拉力杆。我从很小的时候就开始做引体向上，然后变得很擅长，不管是在技术方面还是力量方面。在学校和军队里，包括引体向上在内的体能测试对当时的我来说都很容易。上千次的引体向上加上一个小小的身躯，无疑给了我优势。随着年龄的增长，我发现做引体向上越来越难。但是，即使一次引体向上我都不能做了，我仍然会发现抓住一根树枝或一根杆子让全身肌肉得以伸展的巨大价值。

髋关节铰链

我们学习“力量训练技能”的一大原因就是，它可以教会肌体以最有效和最安全的方式使用肌群。在运动中，我们希望大小肌群各司其职。基于以建立肌体力量为基础的运动模式，我们将压力分配给肌体的各个成员。在开始时，我们只学习一些选定的运动技能，然后进行锻炼，但是，这并不意味着只有一种合适的方式来完成运动任务。恰恰相反，在学习了运动模式之后，我们应该将新的运动增加到“技能库”。

髋部是身体的动力源。它是由强壮的骨骼和肌肉结构构成的，适合做大负荷的工作，比如走路、跑步、跳跃或举重。髋部承载了人体最大的肌肉群，可以承受很大的负荷。髋关节可以向各个方向移动，也应该像这样训练。然而，接下来我们要进行的髋部力量训练技能被叫作“髋关节铰链”，并且只有一个主要的平面运动。髋关节铰链是一种透过髋关节的屈曲和伸展的动作，执行时保持脊柱挺直，膝盖稍微弯曲。想象一下身体像一把随身刀一样从中部折叠弯曲。这种技能需要身体一个部位的灵活性，同时身体其他部位得保持稳定性。

我们将选择单腿式的髋关节铰链，运用自身重量作为阻力，而不需要器械。很明显，单腿站立然后进行运动需要相当大的平衡性和协调性。基于这种原因，开始锻炼时我们可以一只手扶着墙，以此为支撑。一旦运动技能提高，平衡不再是挑战时，我们就可以不借助外力进行运动。

髋关节铰链单腿变体式运动如下：

髋关节铰链单腿变体式运动如下：

单脚站立

01 单脚站立，可略屈膝，另一条腿抬起，双手向左右伸展，保持平衡。

02 在上面基础上上身前倾，尽量让抬起的腿与地面平行。

03 在上面基础上尝试两只手分别触地。

每日运动：重复 10 次单腿变体动作（左右各 5 次）。

我的心得

当我进行单腿力量训练时，我会寻找运动员可以成功重复的可控运动。如果他不能控制身体的平衡进行训练，我会指导他一手扶墙进行训练。一旦我们以墙面为支撑，使身体保持稳定，我们就能建立肌体的力量。但是，如果运动员很难保持平衡，力量训练就会变得非常具有挑战性，因为锻炼时的重心都被用来保持稳定了。我会尽量给运动员足够的外部支持，使运动得以控制，平稳进行。

旋转

生活中进行的运动都在以这样或那样的方式旋转。走、跑、跳、伸、踢、打都是由旋转构成的。我们的头会旋转，我们的脊椎会旋转，我们的臀部会旋转，甚至我们的脚踝也会旋转。如果你站起来，用手指指向身后，你可以观察到身体的其他部位也跟着旋转。旋转真实地展现了身体内部系统的团结协作，并且，在进行像力量型这样的任务时它就显得更为重要了。

旋转力量的建立有很多方式，但是训练应遵循人体的运动原理，尊重肌体的结构。力量型的旋转动作可以产生很多转矩，这些转矩需要妥善放置以及管理。这也是旋转性的运动有时被列为禁止动作的原因，也是为什么一些医学专家警告人们相关的转体动作是危险的。然而，有时旋转不可避免，所以，最好教会你的身体安全转动，而非试图完全避免。

你听说过“核心训练”吗？嗯，一些最重要的核心锻炼是由旋转构成的。身体中段要参与所有的转体运动，当然，它在旋转动作中扮演着重要角色。我们需要使身体旋转自如，我们也需要使身体善于进行抗旋转训练[1]。旋转和抗旋转（反旋转）都是力量训练计划的一部分，能使我们更好地控制身体进行运动。然而，我们的很多典型锻炼都是通过让身体保持“方形步”完成的，旋转迫使我们不再依靠这种固定的姿势并顺利且流畅地完成动作。除非我们的目标是像机器人笨拙而僵硬地进行运动，否则我们最好把旋转运动列入健身计划。

和其他的“力量训练技巧”一样，正确进行旋转运动是必要的，特别是因为有阻力涉及。旋转中的阻力会增加转矩，而转矩管理不当会造成身体损伤。安全有效地进行旋转的最简单方法就是完成一个可以“自动”保护脊椎并在正确区域内指导旋转的动作。我们可以使用如下练习来完成：

托马斯旋转

01 俯卧撑。

02 一侧腿穿过身体达到另一侧。

① 抗旋转运动即核心抵抗躯干左右水平旋转的能力。

侧卧撑旋转

01 俯卧撑，然后一只手向前伸展。

02 手向上伸展，带动身体扭转。

03 手臂向下穿过身体指向另一侧，身体随之扭转。

每日运动：将每种转体动作重复 10 次。

我的心得

20 多年前我开始从事健身行业，旋转动作经常被列为禁止锻炼的动作名单，人们一直认为这些动作对脊柱有害，并被警告远离它们，健身房的很多人也不待见它们。当身体的某个部位，如下背部（腰椎）承受过多的压力时，旋转确实可能是有害的。这似乎是合乎逻辑的，但是生活和运动中不可避免会包括很多旋转动作，我们必须学会为身体做好准备。比起受伤后建立旋转力量，没有准备好就进行旋转动作带来的伤害可能更大。和往常一样，我们必须遵循人体运动原理，并正确学习这种技能。

台阶训练

在这段旅程中，我们的力量型训练技能包括使肌体力量增强的运动和锻炼，但是，这些运动和锻炼都是为了实现这个目标而选择的。有很多锻炼可以用于增强力量，但是你不能全做。在健身计划中你如何决定进行哪些锻炼呢？为了实现既定的目标，选择合适的锻炼会产生巨大的影响。

如果你把所选择的运动当作一个投资组合，就像股票和货币市场一般，你可能会理解正确投资的重要性。你是否想要投资回报？你是否想在最短的时间内获得投资回报？你是否想将投资风险降到最低？当然，如果你想成为成功的投资者，所有这些问题的答案都是肯定的。同样的，鉴于我们付出的时间、精力以及努力，我们需要选择能带给我们最大回报、最小风险的运动。有些锻炼可能零风险，但是没有效果。有些锻炼可能有效果，但是受伤、遇到挫折的风险更大。

这些“力量训练技巧”之所以被选择，是因为如果训练强度或训练时间合适，它们会有很好的效果。这些“力量训练技巧”可能不在健身杂志的封面或不是时下举重训练中最流行的趋势，但是它们是基本的力量性运动，因为它们有效果。基于以上的介绍，接下来我们将进入“台阶训练”。

你可能还记得，我们将“爬楼梯”纳入了功能性健身阶段，现在我们只需一步就能让它成为一种掌握新型力量训练技巧的工具。除了在爬楼梯方面的明显好处，在生活和运动训练中，上台阶都有很多其他好处。在生活中，我们的大多数运动都包括单腿动态平衡，这使得“上台阶”成了一种独特的运动，不仅需要身体技能，还需意识专注。

上台阶结合了灵活性、平衡性和力量。它结合了垂直和水平运动的元素，然后可以在多个方向上进行。即使没有额外的阻力，上楼梯也会挑战小腿、大腿和臀部肌肉，使之成为下半身力量锻炼的好方法。台阶的高度可以根据个人的目标和能力而选择。大多数人可以在家里找到至少两个不同高度的台阶，比如楼梯、椅子和长凳。

台阶训练

01 正向台阶训练：正对台阶，一只脚迈上台阶，另一只脚随后迈上。

①

②

02 侧向台阶训练：侧对台阶，一只脚迈上台阶，另一只脚随后迈上。

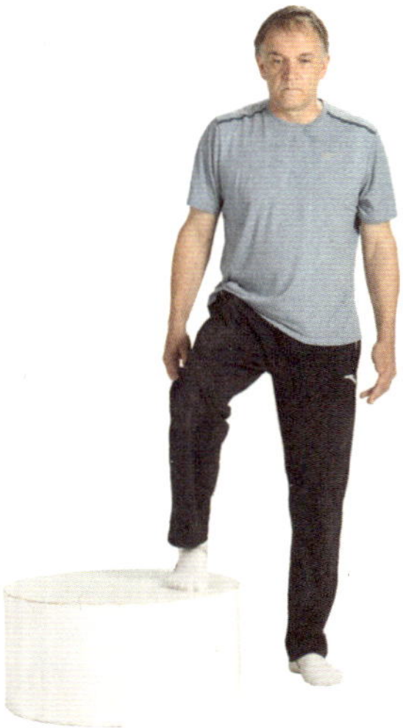

①

②

03 旋转台阶训练：侧对台阶，外侧脚先迈上台阶，另一只脚随后迈上。

①

②

每日运动：每个台阶训练变体动作重复 10 次（每侧脚）。

我的心得

我过去常常背着沉重的背包去芬兰北部徒步旅行。背着露营装备真的是一个很大的负担，由大岩石构成的天然楼梯是我在力量、平衡和耐力方面所经历过的最艰难的挑战之一。不管有没有背包，爬上爬下对腿部来说都是非常有效的锻炼。

本章总结

现在我们已经了解和学习了健身和运动计划中的“基本力量性训练技能”。虽然还有更多的动作和变体，但是已经选择的这些才是最实用、最有效的锻炼。通过从自重训练开始，而不是从外部阻力开始，在增加任何负荷之前，我们已经把学习这项技能放在优先位置。你可能认为其中一些锻炼很简单，尽管开始时很多人没有时间学习这些基础性运动。如果你想成功进行力量训练，并且学习一套伴你一生的技能，这些运动将为你的健身之旅创造一个里程碑式阶段，不应跳过。

正如本书引言中提到的，你的身体就是你拥有且是你需要的最好的锻炼设备。结合人体运动原理，即超负荷、进程、个体性，我们可以为独特的个体——你，打造一份独一无二的计划。为了有效且安全地进行锻炼，每一种力量性训练技能都应该根据人体运动原理被应用。这种锻炼需要不断被刺激，以便发展和改进。当一个人通过训练和适应变得更强壮时，这项运动需要变得更具挑战性，而且必须适合个人的水平和能力。

这个阶段所涵盖的力量性训练如下：

（1）深蹲

（2）俯卧撑

（3）单腿蹲

（4）引体向上

（5）髋关节铰链

（6）旋转

（7）台阶训练

旅程进行到此时，我们暂停引进新动作，然后评估自己的状况，确保我们仍然朝着正确的方向前进，并牢记我们的目标，这是好事。一半的旅程之后，我们会带着新的灵感、精力和愉悦的心情前往目的地。

我不喜欢把健身训练变得比实际更复杂。力量性训练技能是将简单和有效性相结合的典型。就像语言交流一样，你想用尽可能简单的语言来表达你的观点，那就不要用复杂的术语或行话来混淆你信息的清晰度。基本的力量性运动会向身体清楚地发出指令，且不会留下任何空间去思考运动的目的是什么。如果你想要你的身体或运动能力发生变化，一定要用清晰简单的“语言”交流。

Part >>

05

找到最适合你的运动组合

许多人认为锻炼就像节食一样。他们加入最新的健身潮流，或者在健身房买卡成为新会员，结果却总是达不到目标，或者无法保持已有的成果。一旦“节食”结束，他们就会回归“正常”生活，身体会通过体重增加或身体机能下降来适应不活动或运动量减少。这不是我所说的可持续或明智的解决方案。这个策略需要考虑到“正常”生活的挑战和局限性，尤其是运动的机会。而在我们的日常生活中，到处都是运动和锻炼身体的机会。

间歇性锻炼

最近关于日常体育活动的建议表明，通过在白天进行间歇性的锻炼，有可能获得良好的健康。不一定要把它变成一个长期的锻炼，而是在短时间内积累运动。这对那些似乎没有时间锻炼的人来说是个好消息。你可以不用去健身房，也不用连续锻炼 1 小时，你就可以将其融入你的一天，然后回家或是上班。这种“小剂量”的策略将会很有效果，尤其是在白天间歇性地进行几次且强度足够的话。

日常运动量（也称运动负荷）描述了一天中发生的总运动量。例如，我们可以用计步器计算出一天的步数，并测出一天的总运动量。步数可以大致反映体育活动（步行）的量，并与一天的能量消耗相关。

另一方面，运动强度更多的是运动时作用力的大小和身体的紧张程度。例如，与平坦的地面相比，陡坡上的台阶每单位强度要高得多，运动量也就更多。

为了使间歇性训练这种策略有效，训练必须足够频繁或具有足够的挑战性。下面是一些我们可以付诸实践的方法：

（1）如果你一天得上下楼几次，那么只选择楼梯。

（2）每工作 1 小时就做 5 次深蹲。在手机上设置闹钟提醒自己。

（3）白天的时候把车停在离你要去的地方较远的停车场，剩余的路程步行。

（4）阅读、看电视或和孩子们一起玩时坐在地板上，而不是坐在椅子或沙发上。

这是关于改变你的心态和看到周围运动机会的一些方法。不要试图在“正式”的锻炼场所安排“正式”的锻炼，你应该试着睁开眼睛，敞开心扉在“非正式”的环境中做一些“非正式”的体育活动。你可以把家务琐事或工作任务当作运动的机会，并在合适的时间和地点增加适当的锻炼。

我 的 心 得

作为学生的时候，我常常在学习之余做俯卧撑或引体向上。在阅读和做了 1 小时的笔记之后，哪怕 1 分钟的锻炼都像是一种奖励。适当的休息、锻炼有利于提高注意力、记忆力和警觉性，从而提高学业水平。作为成年人和家长时，我仍会不时地做一组弓步或引体向上，但是今天我更希望寻找一些机会在日常活动中进行锻炼，如步行送我的孩子上学而不是开车，在冬天铲雪，志愿做教练，等等。即使坐公交车，也可以提前几站下车，这样就能轻易地增加每天的步行量。

锻炼时长

专心致志的锻炼适合那些计划每周锻炼至少三次的人。

与白天的间歇性训练相比，较长时间的运动会积累更多的运动量。为了增进健康，提高体能，有可能需要增加更多的锻炼组数以及重复次数。当然，最好的选择是将方案一（间歇性训练）和方案二（专心致志的锻炼）相结合。

锻炼时间应该多长？我们很多人都有这样的想法：锻炼需要达到 1 个小时或持续得更久才有效。这并非事实。这个阶段你想实现的目的是进行有效的锻炼，从而增进健康，同时基于你的目标、需求和能力，选择适合自己的锻炼方案。对许多人来说，一组 30 分钟的锻炼已经足够长了，有些人可能需要 45 分钟或 60 分钟，以适当地让系统超负荷运转。当进步空间已经达到极限时，再增加运动量已经毫无意义。我们需要为进步留足空间，如果必要，在下期锻炼中可增加运动量或增加运动强度。

锻炼的时长也跟你的目标相关。如果你的目标是踢 90 分钟足球，那么把你的锻炼时间延长至 90 分钟甚至更长是有意义的，因为你的身体已做好准备，也能适应压力状态下的长时间锻炼。如果我们只为 30 分钟的跑步做好了准备，那么跑完马拉松是不太可能的。但是，对于保持日常健康来说，我们不应该忽视 20 分钟或 30 分钟一组的锻炼，如果它们属于好的锻炼。也许你的日程安排是每周进行 5 × 30 分钟或 3 × 60 分钟的锻炼，这两种方法都是有效的，如果结合间歇性训练效果会更佳。

时长式锻炼的构成很简单：

（1）准备运动（热身）。

（2）主要运动。

（3）放松（主要做一些拉伸动作）。

一组 30 分钟的锻炼，可能意味着 5 分钟的热身，20 分钟的主要运动，加上 5 分钟的拉伸。主要的锻炼应该以循环训练或固定的方式完成；循环的锻炼在完成一组锻炼之后会进行另一组锻炼，固定的锻炼就是一直做同一个动作，同时在两次训练期间进行休息。锻炼应该由简单、安全、有效的练习构成，如“力量训练技能”：

3（组）x 15（次）深蹲

3（组）x 8（次）俯卧撑

3（组）x 12（次）弓步（6 次 / 侧）

3（组）x 20（秒）引体向上

我 的 心 得

在我生命的某个时段，我有大量的时间进行锻炼，并且每周我都会做 4~5 次举重锻炼。其中一些练习时间长达 90 分钟，尽管大多数时间都是在两次举重练习间歇期间“休息”或“恢复”。当你年轻的时候，你有大量的时间和精力，可以让你进行长时间的锻炼。现在生活中有了更多的责任，这样长时间的锻炼难以实现，但是我已经学会在有效的时间里提高效率。30 分钟的锻炼时间似乎是我所需要的（也是我能够做到的）。

3+1 周期训练

在精英运动中，训练是辛苦的，并且运动员有时要进行极限训练。对于运动来说，重要的是达到最佳效果，同时避免高强度训练所带来的负面影响。通过反复试验，人们已经发现，如果一个人有一个长期目标，那么他就不能一直进行极限运动。如果没有安排恢复期，身体对辛苦的训练会停止反应，然后肌体开始衰退。不管你是不是运动员，同样的原理对你我都适用。一段艰苦的训练之后总需要时间来恢复。恢复期因人而异，正如训练量和训练强度一样，并没有一个适合所有人的公式。我这里要说的 3+1 循环模式就是进行有效、健康训练的基本起点。

什么是 3+1 计划呢？简单来说，它意味着 3 周的渐进训练，紧接着就是轻松的 1 周——恢复期。经过 3 周的负荷训练并对身体进行刺激之后，我们需要用 1 周时间来休息，恢复体力，然后身体才跟得上训练。一旦身体恢复，我们就可以以上次的 3+1 模式为基础再次开始周期锻炼。如果你的关于健身和健康的目标是长期的，那么内在的休息是很重要的。1~3 周的锻炼会逐步变难，也会基于努力程度取得进步。

第一周：轻松

第二周：中等

第三周：难

第四周：轻松期（恢复运动）

3+1 周期训练也可能需要增加心理方面的训练，通过更好的动机来加强锻炼效果。我相信你会对人们在年初或生日时制订计划这件事很熟悉，许多人会在一年之初下定决心减肥、增肌或者增强体质，问题是往往在第一个月后，他们就会由于这样或那样的原因失去动力。没能坚持健身的原因如下：

（1）在开始时计划不周。

（2）健身计划的锻炼太过单一。

（3）耗尽了起跑线上的精力和心情。

有了 3+1 周期训练，有可能使每个月都成为一个新的起点——新的精力、新的一套运动和新的动作。正如丹尼尔·平克在他的书中写道：“万物在开始（一周、一个月或一年的第一天）时都焕发出勃勃生机。”

我的心得

我已经成功地把每个月的“第一”落实到我的健身计划里。我为自己制订了一个 3+1 周的健身计划，每次都有一个明确的目标和与之匹配的运动。经过 3 周逐步加大训练难度的锻炼之后，我会用 1 周进行轻松的运动，让身体得以恢复。这种方法的精髓就在于每个月我都会以新的状态重新开始。当然，我的目标不只是 1 个月，而是 3+1 周期训练，因为它易于管理，而且我的动力也不会耗尽。在过去的几个月里我已经看到了自己的显著进步。

重复锻炼 — 组间锻炼 — 休息

每种运动或锻炼都可以用各种变体来识别和描述，我们可以通过至少10 种不同的变体或运动元素来描述一种锻炼。通过这样做，我们可以有效沟通并理解各种规范锻炼。为了坚持锻炼、进行多样性的训练以及按照需求进行变体式动作训练，它们也允许我们管理这些可变因素。大多数人都很熟悉这些基本变量，这样的锻炼组数和重复次数会给我们一些关于运动量和休息的信息。通过使用这三种不同的变量，我们可以创建不同的锻炼计划，简单、适中或者困难。在计划中，我们可以使用 3+1 周期训练，通过逐步增加重复次数或减少休息时间来完成每一次的周期锻炼。任何一种改变都会影响努力和所经历的刺激。如下是 3+1 周期训练内使用锻炼组数和重复锻炼的两个示例：

第一周	第二周	第三周	第四周
轻松	中度	难	轻松恢复期
俯卧撑 2(组)x 5(次)	俯卧撑 3(组)x 5(次)	俯卧撑 3(组)x 5(次)	步行
深蹲 2(组)x 15(次)	深蹲 3(组)x 15(次)	深蹲 3(组)x 15(次)	一套相同或 不同的锻炼
间歇锻炼之间 休息 60 秒	间歇锻炼之间 休息 60 秒	间歇锻炼之间 休息 30 秒	

我们必须记住，努力和困难程度很大程度上因人而异，取决于他们的年龄、健康状况、训练经验和很多其他的因素。重点是说明，通过增加锻炼组数，我们可以加大运动量，或多重复几组训练，使得训练要求略有提高。我们可以保持同样的锻炼组数和重复次数，但是减少休息时间，使身体在更少的时间达到同样的运动量。我们可以通过使用重复锻炼、设定锻炼组

数和休息时间来制订计划，以下方法可以根据你的计划有所调整：

第一，改变重复量或休息时间。例如：

弓步，1(组)x 12(次) / 1(组)x 12(次)+20 秒休息 / 1(组)x 12(次)+30 秒休息 / 1（组）x 12（次）+40 秒休息

第二，改变间歇锻炼的休息时间。例如：

单脚深蹲，3（组）x 5（次）/ 边 + 间歇锻炼之间休息 10 秒

站起来，3（组）x 5（次）/ 边 + 间歇锻炼之间休息 20 秒

倾斜引体向上，3（组）x 5（次）/ 边 + 间歇锻炼之间休息 20 秒

一周内，改变两种锻炼的运动组数。

周一：每种锻炼 2 组

周四：每种锻炼 4 组

周五：每种锻炼 3 组

我 的 心 得

我发现每天增加一到两次的重复次数是有效且激励人心的，直到一个特定的目标得以实现或难以实现日常运动量。我通常一次安排 1~2 个动作，例如俯卧撑和弓步。我可能从每天 10 个俯卧撑开始，给自己 15 天的时间达到每天 25 个俯卧撑。虽然每天做俯卧撑的次数并不多，但 15 天的运动量积累起来，你就可以休息了。经过 3~7 天的恢复期后，我又做了一次同样的锻炼。

多样性训练

很显然，为了进步、恢复或变化，改变你的锻炼变量绝对是重要的。通过使用重复、组间锻炼以及休息这三种变量，我们可以改变训练，但是还有更多的变量能有效使用。变体式训练是非常重要的，因为它不仅可以为身体提供新的刺激，让身体的某一部位得到更多的休息，同时也让身体的另一个部位受到挑战。一般来说，多样化的训练是防止过度使用身体而造成损伤和发展停滞的最重要方法之一。

格雷研究所通过应用功能学帮助我们管理不同的变量，它识别出 10 种变量或“10 种观察要素”作为应用功能科学国际认证（CAFS）的一部分。我们可以以很多方式改变我们的运动和锻炼，有时候可能只是对其中一个变量进行微调，有时候一个新的变化可能就变成一个全新的运动。10 大运动要素以如下运动变量命名：

（1）动作

（2）运动场所

（3）体位

（4）驱动

（5）方向

（6）高度

（7）距离

（8）负荷

（9）速率

（10）时长

正如你所见的，比起重复和组间锻炼，有更多的变量需要管理和利用。例如，通过轻轻移动双脚，使脚间距离更宽或更窄，从而改变我们的姿势（站姿）；又或者进行不是正方向的弓步锻炼（正方向为 12 点方向），我们可以慢慢完成向右或向左（11 或 1 点方向）方向的弓步训练；我们也可以加快或放慢动作，创造不同的训练刺激。

这些只是提供多样性锻炼计划的简单例子。多样性的锻炼不仅对我们的身体有影响，而且对我们的心态有影响。随着间歇性训练的引入，这些改变会提高身体素质并激励我们不断进步。太大的变化或变异可能引起消极的影响甚至是伤害。改变运动的最佳方式是在个人能力范围内成功完成它，并且任何变化都应以此原则为基准，请牢记心中。

我 的 心 得

直到几年前我才完全明白多样性运动原理。我一直认为，世界上的运动项目是非常有限的，并且只有三种变量可以改变它们：组间训练量、重复次数以及休息时长。之后我才意识到，头脑中有了特定的目的之后，我可以创造新的锻炼方式，并且通过操控变量，在运动中做出宏观或微观的改变，而且局限仅存于我的头脑之中。虽然变化本身并不是主要的目标，但对这个想法有一个很好的把握并在头脑中用一个目标对其加以利用是有益的，不管这个目标是生理上的还是心理上的，或者两者兼而有之。

衡量进展

人生的很多目标，无论是与工作、家庭还是其他事情有关的，最后总取决于个人的动机和内驱力，并以专注和坚持的方式朝着目标前进。健身也是如此，尽管它更多地被认为是身体上而非精神上的。如果我们想要完成需要时间和努力的任何事情，关键因素在于心态，一种正确的心态。如果这是真的，问题来了：“我如何获得并保持正确的心态呢？”

是的，我们需要自律、责任感以及乐观的态度。但是，即使知道，这也不会给我们实用的工具来为我们的身（心）真正奠定成功的基础。我们必须了解自己的思想和性格特点，才能为自己的健身计划选择有效的策略。这里有一个“测量进展策略”。

测量进展策略意味着我们要使健身计划中的要素可量化。换句话说，我们不仅要测量结果，而且要测量过程。例如，我们可以量化灵活性练习并测试它是否有进步。我们也可以在力量和耐力方面做同样的事情。为你的进度设置一个数值，使得记录并追踪你的进步状况成为可能。

为什么我们需要测量？因为它表明了我们在旅途中所处的位置，并激励着我们朝着目标迈向下一步。每一次测量显示进步，我们都会有动力和活力一路向前。

我们如何测量？

我们可以选择或组成一个测试，这种测试会给我们提供一些健身元素的数值信息。然后我们可以开始定期测量（每周 / 每月）并比较结果。

我们可以测量什么？

我们应该测量与最终目标相关的一些东西。我们可以测量柔韧性、平衡性、力量、速度、能量、耐力以及恢复能力。

当然，测试只有在结果是有效和可比较的情况下才与我们相关并具有实用性。为了做到这一点，最好保持测试的简单性和可重复性。以下是一些非常简单的测量和测试的例子：

- 灵活性：弯腰时我的手臂能向下伸展到哪里?
- 力量：我 30 秒内能做多少个俯卧撑?
- 耐力：我能以多快的速度走 / 跑完 2000 米?
- 力量：我能从原地向上跳多高?
- 恢复：我的静态心率是多少?

我的心得

我承认，数字确实能激励我。我用时间（秒、分、小时）、重量（千克）和距离（厘米、米、千米）来记录我的进展。数字结果为我在特定某一天的表现提供了一个有形的表示。下次我做同样的事情时，可以比较结果，希望看到积极的进展。我也喜欢通过静态心率、心率变异性（HRV）甚至情绪问卷来监测我的恢复状态和准备状态。这些工具都可以提供关于身体状态的准确信息，这样我就可以把我的健身计划以最优和有效的方式付诸实践。

出去玩

学习的最佳工具是什么？什么样的活动能让我们保持投入、专注并且有动力？儿童，甚至动物是如何以最自然的方式成长的？是什么让一个人在比赛中成为最伟大的运动员？

这些问题的答案就是“玩”。现在，想想你作为一个成年人的生活，然后告诉我你上一次玩耍的时间。或者你只工作，从不玩耍？人生的某个时刻开始，我们更加注重工作而不是玩耍，这是一种真正的风险。我们认为“工作”是有价值的、富有成效的、严肃的并且值得我们花费时间。另一方面，玩耍成了只有小孩子才会参与的活动。我们可能认为，玩耍只是形式上的娱乐，是孩子们快乐的源泉，但是对成人来说，玩耍只会占据我们做重要事情的时间。然而，事实并非如此。

玩耍是在某件事情上变得更好的最佳策略。它具有内在的灵感，并且加快进步的速度。这很有趣，但是有时候它也会产生非常不好的结果，显然我们没有尽可能多地利用这个工具。如果让玩乐进入我们的健康之旅，我们的锻炼计划将会更有成效、更持久、更愉快。我们经常认为我们的常规健身是“工作”，甚至“锻炼”这个词似乎也在引导我们走上这条路。怎样才能把锻炼变成玩耍，并从中受益呢？让我们来看看以下玩耍的一些方面，想想我们能从中得到什么实用的想法。

（1）竞争——我们可以跟自己竞争，也可以跟其他人竞争，有很多方法可以带来竞争或比赛的因素。我们可以为运动设定时间限制，或者设定要达到的目标。我们可以把我们的锻炼分成多个阶段，目的是每一次都能提高我们的分数。只要有成功、公平和健康的竞争，努力“赢”就是一个巨大的动力。

（2）新颖性——任何游戏都充满了不可预测性和新的挑战。在玩乐中最重要的事情之一就是不要太无聊和重复。怎样才能在锻炼的过程中保持新鲜感，同时又不让它变成一种“例行公事”呢？我们可以不断地改变运动的细节，让我们的思想和身体更好地融入其中。

（3）创造力——情境中的新颖性使我们的行动具有创造性。在玩耍中，经常被允许用最适合我们身体和个性的方法来解决“运动问题”。在玩耍环境中，我们可以用最有益的方式来表达我们的个性。游戏或玩耍的规则给了我们安全的界限，让我们在其中发挥创造力。

我 的 心 得

我在很久以前就放弃了枯燥的日常锻炼。我不能成功地保持训练的一致性和有效性，除非它们包括竞赛、新奇或创造力。玩耍是我锻炼计划中的一个重要部分。有时这是真正的玩耍，就像和孩子们打水仗一样，但我经常只是看看自己的目标，然后选择各种“玩耍工具”来实现它们。不要只是锻炼，要出去玩。

最小有效运动量

如果你觉得寒冷，你是为了让自己感觉舒服才加衣服，还是只是为了确保不生病？如果你花 10 美元就能买到某个东西，你会花 20 美元吗？

这些例子证明了“最小有效剂量”的概念，它描述了产生预期效果或结果的“最小剂量”，最初与药物剂量和药物效应的关系有关。同样的概念也出现在健身世界中，由“鹦鹉螺”的创始人阿瑟·琼斯和《每周健身 4 小时》的作者蒂莫西·费里斯提出，探讨关于“多少运动量才足够”的问题。

运动的目的是产生刺激，使人产生想要的变化（适应）。一旦实现所需要的刺激，就没有必要做更多了。更多不总是更好，事实上，它可能更糟糕。如果你做得比要求的更多，你就是在浪费时间和精力，而这些时间和精力本可以用来做一些更有成效的事情，例如休息。换句话说，做得太多可能产生负面效应。当然，我们仍然需要做足够的工作来给身体提供最小的有效运动量——这个量完全取决于目标是什么、这个人是谁、他之前做了多少训练。找到我们自己的最低有效运动量并不容易，因为它会随着训练而改变，但只要了解它背后的理念就会非常有用。

如果你准备在一年内爬上长城，你的最小有效训练量与你想要保持健康、减肥或锻炼肌肉的目标是非常不同的。这两个目标有一个共性，那就是你只想用最少的训练量来让你达到预期的效果。比起所需要的，很多人花了更多的时间来锻炼。他们可能会对自己在健身房所付出的努力感觉良好，却不能在下一次锻炼时及时恢复。起初，他们可能看到锻炼所带来的良好结果，但是慢慢就会看到资源回报逐渐递减，甚至完全停滞不前。记住：旅程是漫长的，结果也是慢慢累积的。

以下是一些实用的方法，可以让你在有限的资源下保持高效运动：

（1）当你还有一些能量的时候完成你的锻炼。

（2）如果你从锻炼中恢复的时间超过 24 小时，那可能一次运动的时间太长了。

（3）计划一天的锻炼——不要在最后增加额外的运动。

（4）你的锻炼可以是 5 分钟、30 分钟，也可以是 2 小时，这取决于你的目标。

我的心得

我训练过许多耐力运动员：跑步运动员、铁人三项运动员和游泳运动员。对于他们中的大多数人，我逐渐成功地将他们的训练量减少了约 50%，但效果仍在提高。在路上和水池中花费的时间并不能自动地与更好的表现联系起来。大量的训练拖了他们的后腿，对身体造成一定的伤害且难以恢复，并使他们因过度使用肌体而受伤。通过减少训练量，我们提高了训练质量，并允许运动员休息以更快地适应。请不要误解，当然，精英运动员必须挑战极限、努力训练。然而，我们每个人必须首先决定是追求结果还是培训本身更重要。“最小有效剂量”的概念可以帮助你获得结果，也可以减少你花在训练上的时间。

本章总结

规划就是给你的锻炼带来顺序和结构的一种方法。它提供了一个模板来放置练习和动作，但它也允许对计划进行调整和更改。规划让你的锻炼成为一个“系统”，它会考虑你的目标、能力和资源。它将所有的部位连接在一起，并将所有的训练按顺序安排，以获得最佳的效果。规划还应该考虑与个人偏好和个人动机有关的因素，最大限度地利用你的长处，避开你的弱点。

在这一章中，我们已经研究过一些工具，以一种系统和有效的方式来规划我们的锻炼。我们已经详细讨论过单个锻炼的结构以及为期 4 周的循环锻炼模式。规划最重要的一个元素就是动机，并且我们深入研究各种策略、量化方法和玩耍方式，将鼓舞人心的概念整合到锻炼计划中。最后，规划这一章的结尾和开头一样，都是关于锻炼量的话题。

在这个计划和恢复的阶段，我们采取了更具战略性的步骤，以确保我们的旅程将继续有实力完成力量性训练。现在，有了更先进的工具，我们可以拿下大本营，重新开始我们的运动和个人健身之旅。有些阶段需要更多的技术，需要更多的专注和努力。我们将在下一阶段的旅程中发现更多关于我们身体的东西，因为一些挑战会暴露出我们的弱点，而另一些则会考验我们的新能力。

规划将锻炼和健身的科学和艺术结合起来。它把知识和灵感放在一起，并且在个人计划中要将其放在一起。我们很难为不了解的个人制订健身计划。这就是为什么在这趟旅程中，我们每个人都要学一些基础知识并将它们应用于自己的特定环境中。

通常，从网上抄来的计划都很诱人，但是，体验真正的旅程不能通过模仿别人的行为。你需要自己努力去学习它。

Part >> 06

身体不同部位的训练

了解我们的身体

我们开启这趟旅程是建立在对每个人都适用的综合运动模式基础上的，特别是在开始时。换句话说，和其他人一样，我们沿着这条宽广的道路，以同样的速度向同一个目的地行进。尽管这是一个建立基础的好方法，但是到了一定的程度，宽阔的道路会被分成更小、更具个性化的小路。我们所有人都由相同的基本部位构成，但是，也有很多特征对我们来说是独特的以及特有的。虽然在生理上我们不会彼此不同、独具特色，但是在头脑和心灵上却会。个性原则是不可否认的事实，为了成功，在旅行中我们必须考虑这点。展望未来，我们不仅要发展全民健身，而且要以更为集中的策略发展专项健身。

观察身体及其功能。通常情况下，肌体是通过肌肉解剖学来理解和说明的。我们不打算通过人体大约 700 块肌肉来研究人体解剖学，而是通过人体的一些“部位”，这些部位对每个人来说更易于理解和应用于实践。这并不是说了解肌肉不重要，只是可能有一个更简单而非复杂的方法对其进行学习和利用。人体运动领域的几个专家得出结论：通过这些“部位”研究运动中的肌体让我们对运动能力的发展有着实际而真实的了解。加里 · 格雷[①] 博士通过仔细描述每个部位的角色和功能，让很多人对这个概念有了新的认识。物理治疗、人体运动和竞技表演方面的专家格雷 · 库克和迈克尔 · 博伊尔提出了“相邻关节假说”，可用来观察每个部位的作用。

在旅程的这个阶段，我们的目标就是一次关注一个身体部位。基于我们的目的，将身体分成 9 个主要的部位：

---

① 功能性训练方法创始人。该训练方法认为各部位肌肉、关节不是孤立的，它关注的是人体的整个肌肉链，通过整合数个肌群协同进行多关节活动。

（1）脚和脚踝

（2）膝关节

（3）臀部

（4）腰椎（下背部）

（5）胸椎（上背部）

（6）颈椎（脖子）

（7）肩和肩胛骨

（8）肘部

（9）手腕和手

我的心得

作为一名教练，研究身体部位的方法确实给了我很大的帮助。我不属于绝顶聪明的那类人，相反，我资质平平。我也没有最好的记忆力，记住所有的肌肉和它们的连接点对我来说一直都很困难。了解这些部位及其功能更具逻辑性，也更容易。我只能通过6~10个身体部位而非数百块肌肉来观察运动。这让我成为一名不用耗费时间和脑力去深入分析每一块复杂肌肉的教练。

脚和脚踝（部位 1）

如果你必须列举最重要的 10 个身体部位来进行锻炼，你会把脚列入清单吗？我相信很多人在想到脚或脚踝之前，会先列出身体的其他部位。我们唯一注意到脚的时候，可能是脚受伤或脚有异味的时候。

将脚列入训练计划中有什么价值或目的吗？

即便不深入研究物理学或生物力学，我们都可以理解，在地球上移动需要接触地面，至少对于我们这种不能飞的物种来说是这样。我们产生力和进行运动的能力完全取决于地面接触和影响我们的物理力量。在运动中我们的肌体会充分利用储存的能量，因为重力和冲力会让我们从脚开始体验到地面的反作用力。与地面接触的标准很大程度上决定了运动的好坏、身体的平衡程度、力量的大小以及关节的健康程度。你可以把脚想象成身体和地面之间的接口，或者是地球的力量和人类运动之间的能量转换器。

如果你还没对其留下深刻印象，想想如下事实：每只脚有 26 块骨头，33 个关节以及 20 多块肌肉。事实上，人体的 206 块骨头，有 52 块与脚相连。对于一个人们认为不值得关注的身体部位来说，这是一个非常复杂的身体架构。我希望我已经说服你开始训练脚和脚踝。现在，我们应该去健身房找个脚部力量训练器吗？我不这么认为。我们可以通过遵循人类运动的基本原理和创建一些基本的指导方针来改善足部功能。

脚和脚踝的训练如下：

单腿时钟伸展

单脚站立，另一条腿向 9 点钟、12 点钟、3 点钟方向伸展。

下蹲后用脚趾起身站立

中距下蹲，然后用脚趾支撑身体慢慢站立。

①

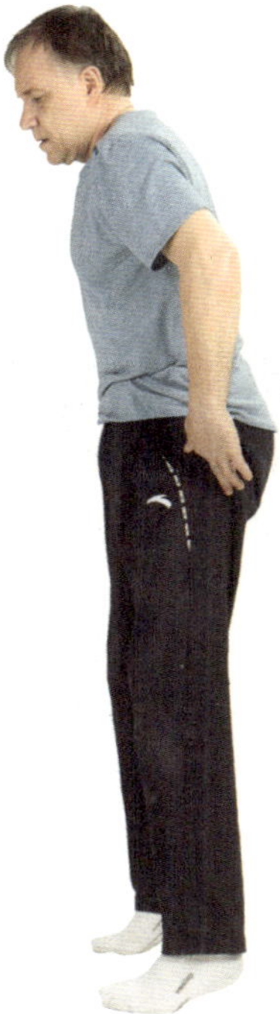

②

比利金舞步（太空步）

用脚尖站立，同时向前或向后行走。

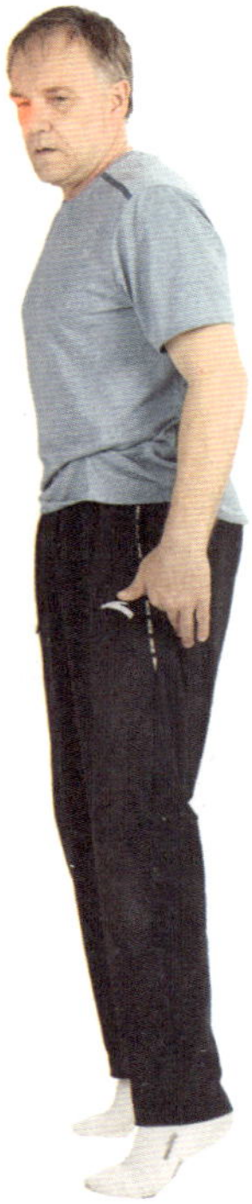
①

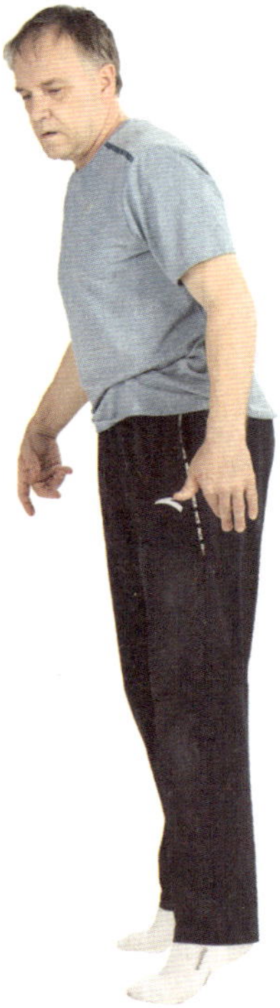
②

每日运动：选择针对脚部的锻炼，做 3 组，每组 30 秒。

我 的 心 得

很多人在年轻的时候脚部力量就变得极度糟糕了。我认为这是缺乏基本的运动导致的，也有可能是他们所穿的鞋不合适。限制运动或过多支撑足部结构的鞋，不会产生“日常训练效果”。随着脚部所受到的挑战不足，脚会变得懈怠且虚弱。赤脚在草地或沙地上跑步对增进脚部和脚踝的健康很有好处。

膝关节（部位 2）

从脚和踝关节往上的一个大关节就是膝关节。从脚到膝盖只有一条路，它是由骨头、肌肉、神经、筋膜、皮肤、静脉和许多其他组织组成的。与脚相连的部分也与膝盖相连，通过小腿胫骨，这些部位之间的关系是非常直接并且呈结构性的。脚和脚踝的情况也会自动影响膝盖。

膝盖并不以它的美丽和功能而出名。在大多数情况下，当我们想到“膝盖”，我们就会想到疼痛或问题。的确，膝盖对一个人的一生有着重大影响。但是，如果“队友”没有做好自己的工作，膝盖也会深受其害。很多时候，我们责怪膝盖，虽然实际上是脚或臀部没有发挥应有的功能，然后膝盖还必须善后。如果你的膝盖想告诉你什么，那就是：“好好照顾我的朋友们。”

一些最有力的肌肉横跨膝关节、大腿肌肉和小腿，加上步行、跑步或跳跃产生的冲力，意味着膝关节要承受着巨大的压力。训练的目标之一就是通过一种方法进行柔韧性和力量性训练使之达到平衡，从而提高其柔韧性以及使这些力量保持平衡。我们还必须知道膝盖如何参与运动，然后设计一个与这些身体需求相关的健身计划。

正如前文已经提到的，我们不能只训练膝盖，而不把它上面和下面的朋友考虑进去。那些只弯曲和伸展膝盖而不整合脚和臀部的运动是无效的。以下是一些如何将其付诸实践的运动：

大腿 3D 伸展

单脚站立（可以手扶固定物），另一侧手拉同侧足背向臀部靠近，上身前倾并深蹲，感受膝关节发力。

3D 跳箱

单脚站在箱子上（或者是一摞书上），另一条腿向前伸展，深蹲，感受膝关节发力。

沙发（椅子）单腿深蹲

单脚站立，另一条腿放在沙发或椅子上，深蹲，感受膝关节发力。

每日运动：将上述每个动作重复 10 次。

我的心得

膝盖受伤在从事体育运动的年轻女性中很常见。这种情况也会发生在男性身上，但是总的来说却少得多。有很多因素我们无法影响，如身体构造和激素的变化，但是我们可以通过合适的训练以及规划来帮助减少受伤的概率。其中一个关键的原则是身体部位之间的相互依赖。通过改善身体内部、脚和膝关节之间或腹部和膝关节之间的合作，我们可以创建一个能够支持、服务和保护其成员免受伤害的团队。如果团队（身体）中的每个成员都履行自己的职责（扮演好自己的角色），各司其职，每个团队成员都会更健康、更强壮。

臀部（部位3）

任何需要更大力量或活动范围的体力活或体育活动都依赖于臀部，即身体的“大引擎”。走路、 跑步、跳跃或系鞋带都要依靠臀大肌的运转。大的骨盆结构可以容纳大肌肉，这些大肌肉让我们有力气进行运动。由于臀部在“运动团队”的中心角色和地位，臀部或臀部周围的紧绷或功能性障碍会使整个肌体停止运转。团队中的其他成员也可能因为没有做好自己的工作而对臀部产生负面影响。同样，身体的任何一部分都不可能单独运作，为了共同的目标，需要它的“邻居”协同运转。

髋关节的构造允许它在所有运动平面上运动，这种灵活性无疑为实现髋关节的最佳功能奠定了基础。它并不只是意味着柔韧性，而是指在矢状面（前后）、额状面（左右）和横断面（旋转）的功能性运动范围。这种能力对我们人类来说可能就是一种“出厂设置”，因为我们生来就具有很强的臀部灵活性，但是正常情况下我们会根据外部所给予的刺激随时间去适应。换句话说，如果不经常在各个运动平面上使用你的臀部，最终它会降低在既定方向上的灵活性。例如，每天坐 8~12 小时而不进行常规且适量的 3D 运动，毫无疑问会让臀部受到限制，无法适应基本的运动模式，比如走路。

肌体中最大的肌肉群集中在臀部周围，使其成为真正的动力源。髋关节附近有几块大的肌肉，包括人体最大的一块肌肉——臀大肌。然而，即使是臀大肌也需要从脚趾到指尖这样的朋友协同工作。事实上，根据已故的乔治 · 希恩博士的说法，即使像大脚趾这样小的部位也可能有助于或损害臀部发力，特别是在跑步时。

我们将同时训练臀部的灵活性和力量性，这种方法可以确保两者都不会被忽视。有时候，如果其中一者需要更多的关注，最好是一段时间集中关注其中一个。通过下面的例子，我们将两者结合起来。

3D 滑动深蹲

一只脚踩在能滑动的物体（滑板车或飞盘）上向侧面滑动深蹲。

①

②

弹力带 3D 深蹲

过头顶紧绷弹力带，同时深蹲再站起。

拾物 3D 深蹲

蹲下的同时向侧面转身去捡地上的球，然后再站起。

每日运动：将上述每种运动重复 10 次。

我的心得

臀部的灵活性和稳定性（或力量）就像天平的两端，为了保持平衡，需要不断地监测和纠正。你可以在一段时间内专注于力量，培养更多的能力来产生力量，但如果你忘记进行柔韧性训练，你将会得到太多的稳定性。如果你只做伸展运动和柔韧性练习，你很可能会扩大运动范围，但也可能失去力量。你的目标不只是在一个方面做得很好，而是要在两个方面都做得很好。最优能力来自灵活性和稳定性，两者之间的平衡恰到好处，或者如格雷研究所的加里 · 格雷所说：灵活性 + 稳定性 = 最优能力。

腰椎（部位 4）

一路向上，我们将来到第四个部位——腰椎。腰椎常被称为“下背”，这是一个容易产生很多问题的身体部位。腰椎也是身体内部进行各种运动的一个十字路口。任何交叉路口都容易发生交通事故，功能交叉口的关键特征之一是它可以有效地引导不同方向的交通然后疏散交通。另一方面，功能失调的交叉路口会引起交通堵塞并使车辆流动性变差，使其容易受到高压力和事故的影响。当运动流途经此区域（即身体的直接核心部位）时，链条应继续保持不间断和不受阻碍。这就是为什么我们需要支持和整合所有运动的肌肉组织，无论它需要弯曲、扭转还是绷紧。

训练和提高腰椎部位运转能力时，我们的重心转移至这个部位的肌肉，更具体地说，是腹壁、腹部两侧和下背部的肌肉。但是，除了肌肉，我们还得训练让核心部位成为一个整体去扮演分配给它的角色的动作。事实上，这是关于腹部训练方法经常产生困惑的地方。纯粹的审美目标很容易将我们引向只训练六块腹肌或“沙滩腹肌”的错误道路。虽然拥有好看的腹肌是你旅行的一个目标，但是，我们必须小心，不要让它成为主要的目的。腹肌的作用就是将力量转移然后引导下面的部位（臀部）和上面的部位（胸椎）进行平稳而有效的运动。每天做几百次仰卧起坐可能会让你练出六块腹肌，但这种训练方法也可能会妨碍运动能力，造成身体不平衡，甚至导致背部问题。

基于在整个肌体中的功能性角色，所有的部位都以相同的注意力得以训练。实际上，很多人身体已经失衡，训练时应该反映这点。这些锻炼的结合旨在发展功能，特别是在腰椎周围。它们既包括针对这个部位进行训练的专门动作，也包括将所有部位结合在一起进行的综合性运动。

臀桥

仰体，手足着地呈臀桥，然后一腿伸直，并尝试将另一侧手离地向上伸展。

①

②

托马斯旋转

俯卧撑状，然后左手和右腿同时向左侧伸展，带动身体转转，尝试用手抓住脚尖。

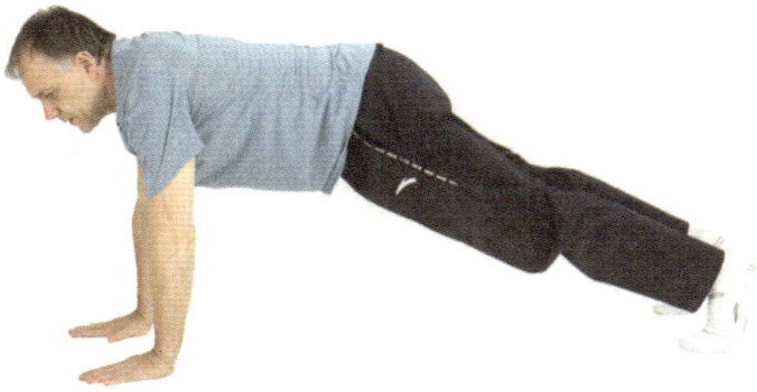

①

②

③

每日运动：将上述每个动作重复 10 次。

我的心得

我曾用权威和经验来谈论“错误” 的训练，并这样做了很多年，不明白让肌肉而非运动成为焦点可能带来的伤害。在我的案例中，这导致了一种不平衡的方法，即相对于侧面的核心和后面的核心而言，对前面的核心进行了过多的训练。虽然身体很擅长纠正我们在训练中所犯的错误，但这最终导致我的下背部出现了严重的问题。我曾经认为腹肌的美观和功能是同一个目标。有时你只能从错误中吸取教训，对我来说，这就是其中之一。

胸椎（部位 5）

由 12 块椎骨构成的中背和上背被称为胸椎。它是背部的一部分，它的抱怨通常比邻居腰椎和颈椎少得多。许多人甚至感觉不到胸椎，因为通常情况下胸椎非常安静，而且藏在眼睛看不到、手也难以触及的地方。眼不见心不烦并不意味着它不重要，恰恰相反，胸椎使我们的躯干和手臂能够用力朝各个方向移动。换句话说，身体的很大一部分旋转运动都来源于胸椎。

我们可能还没有意识到胸椎在功能性健身运动中所起到的巨大作用，但是，当它不能正常工作时，我们马上就会注意到，如手臂完全不摆动的步行者、驼背者或脊柱侧弯的少年——在这些情况下，胸椎部位当然有发言权。肩胛骨（肩胛）和肩关节与胸椎密切配合，使其成为身体中真正有力却复杂的部位。胸腔的大部分与脊柱相连，而上身最大的肌肉都依赖于这个高度影响身体的部位的功能。伸展和投掷，以及步行、跑步、游泳等，都需要胸椎和它所提供动力的肌肉引擎的灵活性。

为了训练胸椎部位，首先我们需要通过清除限制性因素，然后使三个平面进行自由运动来保证灵活性；其次，通过提供各个平面的阻力运动，我们可以增加力量性训练；再次，我们将继续监测灵活性和稳定性之间的平衡，因为这个部位很容易再次“锁定”。特别是，不经常进行旋转锻炼会损害身体灵活性和旋转能力，很容易限制功能性运动能力。

下面是一些适合家庭练习的胸椎锻炼动作。

单手撑 3D 伸展

①

01 双手撑地，然后一侧手臂带动身体向侧面打开。

②

02 屈髋，手臂带动身体使面部朝下呈倒“V”形，手臂继续向下，指向脚部，保持背部挺直。

跪地 3D 扭转

双膝跪地，单手撑地，一侧手臂向侧面打开，然后下穿身体，指向另一侧，带动上身扭转。

①

②

每日运动：将每种胸椎锻炼动作重复 10 次。

我 的 心 得

值得注意的是，生活和运动中的大多数动作都是通过单侧（左或右）或交替的动作（左—右—左—右）完成的。在日常运动中，有一小部分运动是通过双手同时做同一件事完成的。然而，大多数正规训练都是在双边（双手一起）的情况下进行的，比如卧推、下拉和头顶推举，或者用杠铃弯曲肱二头肌。如果我们想要充分利用胸椎的所有特征并保持它的功能性运动能力，那么进行单侧上肢运动是一个不错的主意，比如单臂按压或单臂划船。虽然双侧运动可能更有效地塑造肌肉，但单侧运动在不影响力量增益的情况下提供了运动的平衡效果。

颈椎（部位 6）

人体共有三个脊椎部位，其中一个就是颈椎——颈部区域。你可能马上会想到一些问题：如何训练颈部？或者首先应该怎么做？实际上这是很好的问题。对很多人来说，当谈到健康和锻炼时，颈椎不是他们想到的第一个身体部位。首先要明白一件事：我们训练颈部不是为了美观，而是为了功能性运动。为了日常生活或运动功能，将颈部训练纳入我们的健身计划更有意义。

从一个非常简单的解剖学角度来看，脖子连接着躯干和头部。这意味着，每当躯干（胸椎）和头部移动时，颈椎也会跟着动。仅仅是颈部支持、控制和支撑头部这个事实，即显示出颈部的重要性、作用和特征。实际上除了支持和控制头部，它还帮助我们充分利用听觉和视觉——头部需要转动、倾斜和移动，眼睛和耳朵才能正确地从环境中获取信息。

身体的所有部位都被设计成可移动的，颈椎部位在这方面也没有什么不同。它允许头部在多个方向和平面上运动——我们可以点头、偏头或摇头来察看周围的环境，或为我们的语言添加表情。不幸的是，最近颈部运动在社会中受到了威胁，因为我们的眼睛一天中有太多的时间盯着各种电子屏幕，如智能手机、电脑和电视。

颈椎需要进行运动、锻炼以保持健康。为了提高功能、增进健康以及加强力量，我们可以训练颈部，这样能更好地保护大脑，改善脊柱的姿势，减少头痛。有很多方法可以使颈椎保持健康，我们将从基本的灵活性、稳定性和力量性开始。

颈部抗阻

手掌和头部（向侧、向前）用力对抗，感受颈部用力。

①　②

3D 颈部抗阻

头部旋转，与手对抗，感受颈部用力。

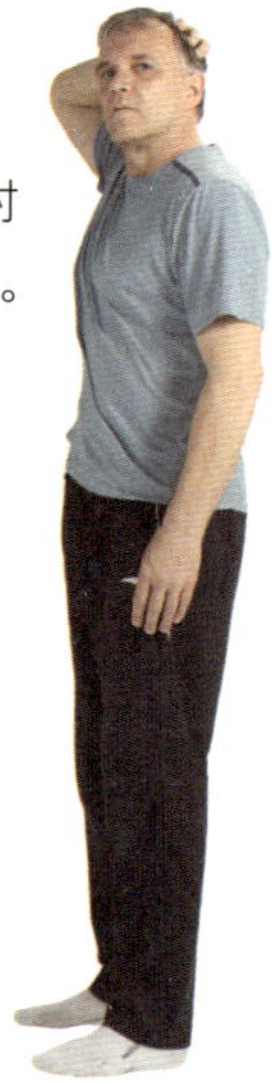

每日运动：尝试每种阻抗动作保持 10 秒，重复 10 次。

我的心得

对颈部力量和稳定性的需求通常在你真正需要的时候才会显现出来。头部是一个需要控制的沉重物体，很多时候，我们只有在受伤后才会意识到这一点，比如摔倒时，颈部无法有效地阻止头部的冲力。当然，颈部的力量并不能防止所有的碰撞和损伤，但尽力保护“最智能的电脑”——人类的大脑是有意义的。我们通常甚至没有意识到身体是如何努力工作来储存力量——从我们迈步的地面开始。跳高时如果控制不好的话，会向全身发出冲击波，并对头部产生影响。我很清楚这一点，因为我自己曾在落地时摔了一跤，造成了脑震荡。

肩和肩胛骨（部位 7）

根据肩部在团队中的角色以及所要完成的任务，我们已经通过训练身体的其他部位为它们奠定稳健的基础，从而使其工作达到最优状态。团队所有成员相互支持，但是颈椎功能，即它的相邻部位，对肩膀和肩胛骨特别重要。但是，肩膀和肩胛骨是谁？它们主要承担什么任务？它们又处于哪个位置？

肩关节，也就是肱骨（上臂的骨头）所处的位置，如果没有肩胛骨作为运动伙伴，它将是一个可悲的和功能失调的部位。这就是为什么我这里把它们一并谈论的原因，尽管它们确实是独立和独特的两个部位。肩胛和肩胛骨在肩部的多方向运动中是非常重要的，特别是在手臂的多方向运动中。肩胛骨上连接的肌肉数量总共有 17 块，在肩膀的拐角处还有一些特殊的骨头，呈翼状，看起来很有趣。与该部位有关的动作和运动的复杂性仍然使很多专家感到疑惑。灵活性和稳定性的微妙平衡需要最佳的时机和节奏。它可以提供巨大的速度和力量，但也容易出现问题或受伤。

通过以不同的方式移动手臂，你会很容易注意到肩膀和它的朋友能做什么——没有任何方向是你的肩膀不能去的。除了能进行自由运动，它还连接着强大的肌肉，如胸肌、三角肌、背阔肌、菱形肌和斜方肌。虽然不那么明显，但同样重要的是小肌肉，这些肌肉经常受到运动能力下降和过度使用的影响，这通常是不平衡训练所造成的结果。肩伤最容易发生的人群有上肢过顶运动项目运动员（如投掷运动员或游泳运动员）、试图快速增加肌肉的男子等。

肩和肩胛骨的训练计划必须尊重这个非凡部位的特点。保持 3D 灵活性和与其他部位的团队合作是长期保持健康、进行健身和力量计划的重要要求。我们的许多锻炼进展都受到了来自加里 · 格雷的启发。

肩部滑动伸展

01 跪姿，一侧手臂向前滑动，尽量手臂贴地。

02 一侧手臂向外侧滑动，尽量手臂贴地。

手臂 3D 自由摆动

抓握重物向不同方向摆动手臂（不屈肘，肩部用力）。

①

②

每日运动：每种动作重复 10 次。

我的心得

很遗憾地说，我是在右肩出现疼痛和不适后才学会欣赏和尊重肩胛骨这个部位的。回顾过去，很容易总结出这是我年轻时糟糕的运动选择和有问题的健身目标所导致的。我总结出来的经验是肩膀的疼痛是逐渐发展的，很快就会恶化，需要一段时间才能稳定。预防当然是最好的治疗，这是每个人都必须自己去学习的一课。我经常告诉我的运动员和客户以下三点：

（1）保持肩部灵活。

（2）优先发展功能而非增加肌肉群。

（3）如果肩部区域有点疲劳，那么暂时放弃训练，然后休息。

肘部（部位 8）、手腕和手（部位 9）

从脚开始，我们了解了 7 种不同的人体部位，以及一些有关它们的知识。这里我将肩膀以下的部位合为一节，不是因为它们没那么重要，而是因为这些部位密切合作。在手腕、手肘、肩膀和整个团队的支持下，手可以做一系列惊人的事情。你可以观察到很多活动，如攀岩、掰手腕、弹吉他以及在键盘上打字，然后你会对这些部位相互连接而感到惊讶。当然，由于手指娴熟而细腻的灵活性特征，手指会得到更多的关注，但是如果没有其他部位，它们会变得无用。我们可以为这支由身体各个部位组成的乐团带来的和谐流畅的音乐鼓掌。

手肘的自由运动能力不如肩膀和手腕。它就好比膝盖，位于设计上更为灵活的两个部位之间。手肘处于一个战略地位，向大肌肉传递力量，帮助手完成任务。一些典型的涉及肘部的体育锻炼是肱二头肌的弯曲和肱三头肌的伸展，它们经常被用来锻炼上臂的肌肉。弯曲和伸展手臂当然会涉及肘关节，尽管与肩膀或手相比，肘关节在解剖学上更简单，但它还有其他一些重要的功能。

手腕可以在许多平面和方向上移动，但它也可以有效地抵抗任何运动。根据手头的任务，手腕可以灵活、稳定或两者兼而有之。手腕的动作是由前臂的肌肉控制的。举个例子，举一个很重的箱子、打开一个罐子或者打一个拳击袋，都需要收缩肌肉来增强手腕的力量和稳定性。另一方面，弹钢琴或画画则需要灵活性和控制力的协调配合。

甚至手指也由肌肉、肌腱，尤其是神经支配。指尖的灵敏触觉能使手在既定的活动中发出适当的力度。同样的手指可以触摸花朵而不压碎它，也可以在建筑工地搬运一桶砖块。这是手的多用途能力的真实证明。

我们将把这些部位训练成一个整体。但是，要考虑到这些都是一般性的练习，并不是针对所有任务的。如果你想成为一名攀岩者或者想把电话簿撕成两半，我们需要在你的健身计划中加入更具体的运动。

肱二头肌—肱三头肌组合锻炼

01 利用弹力带锻炼肱二头肌。

①

②

02 在上述动作基础上转身锻炼肱三头肌。

①

②

③

①

②

俯卧撑 + 手肘 3D 运动

俯卧撑，然后手臂向不同方向摆动，感受手肘用力（注意量力而行）。

手肘 3D 自由摆动

抓握重物向不同方向摆动手臂（屈肘，小臂用力）。

①

②

每日运动：对你所选择的运动进行 2（组）x 10（次）锻炼。

我 的 心 得

应该注意的是，最不会出现在健身计划中的身体部位恰巧是最繁忙的身体部位，它们对我们的日常生活有着重要的影响。它们没有进行足够训练的原因可能是，在这些部位中，无论是脂肪的减少还是肌肉的增加，都很少有明显的变化。不过，通过锻炼，它们在健康和功能方面的回报会令你惊讶。

本章总结

这个阶段的目标就是让你对身体部位有更多的认识和了解，让你完成运动之旅成为可能。也许你对一个没怎么关注的部位有了更多的欣赏，也许你已经懂得身体部位之间是如此相互关联和相互依赖。很可能你已经意识到特定的部位需要额外的关注以及有针对性的练习，以使身体的其他部位不会因为它们的局限性而受到阻碍。很明显，所有的身体部位都很重要，但是只有当你知道身体部位之间是如何相互协作完成任务的，你才能使自己的健身计划更具个性化，从而满足自己的需求。

我们简单地讲述了从脚到手 9 个不同的身体部位，它们在体内都有其独特的作用和功能。通过解剖式地将身体分成几个部位，管理起来比根据肌肉来思考要容易得多。这些部位也提醒我们，运动中的肌体以及对它们的训练，不仅仅是关于肌肉的。骨骼系统是构成每个部位的重要结构，同时也决定了大部分的运动。就像相互依赖的部位一样，如果没有骨骼系统、神经系统、循环系统等，肌肉系统就毫无用处。当然，我们的大部分训练是针对肌肉系统的，但是整体知识为我们的健身计划打开了新的可能性之门。

身体部位这个阶段现在已经结束，我们将进入下一个阶段，了解更好的锻炼和更多的训练工具。今天请随意休息，让身体恢复，因为下一个阶段会带来新的挑战。如果你想要运动，请从这个阶段选择你最喜欢的锻炼，然后练习 10~20 分钟。

Part >>

07

运动链训练

大肌群

在旅程的上一阶段我们了解了身体部位，这个阶段我们的目标是检查、理解然后训练由肌肉、筋膜以及其他软组织组成的大连接。这些连接或链条贯穿人体各个部位，为综合运动模式奠定了基础。这些连接在解剖学上以肌筋膜（肌肉＋筋膜）线的形式存在，托马斯·迈尔斯①在其著作《解剖列车》中对此进行了出色的研究，并将其呈现出来。然而，对于我们的运动目的来说，在一个更简单的层次上理解这个概念就足够了。我们可以从该领域的很多运动专家那儿借鉴有益的类比，以便掌握这一思想并将其应用于实践。例如查克·沃尔夫② 在他的《对功能训练的见解》一书中将这些肌筋膜连接描述为“高速公路”，加里·格雷则创造了“运动链”这个词语来强调运动在整个肌体所发生的一系列事情。

我知道这一切听起来既复杂又先进，但是你会注意到，通过运动语言沟通起来要简单得多。而且，你之前也一直以这样或那样的形式做这些动作。所以，即使你的大脑不知道我们在说什么，你的身体也已经是利用运动链的专家了。事实上，肌体不是真的通过肌肉在思考，而是通过动作在思考。当大脑对身体发出运动的指令，它并不是分别与每一块肌肉交流，而是跟把运动系统视为“一个大肌群”的整个身体在交流。

有一些对身体条件反射加以利用的基本运动模式，通常是由人体解剖学中强有力的连接或链条构成的。在旅程的这个阶段，我们将强调这些运动链，然后，为了你的健康、健身以及表现，我们会让它们协同运转。以下就是我们将要了解与研究的运动链和连接：

---

① 徒手与动作治疗专家。

② 功能性训练研究者。

（1）前链

（2）后链

（3）侧链（左右）

（4）对角前链（左右）

（5）对角后链（左右）

（6）其他连接和运动链

（7）运动链的组合

（8）特定运动链的应用

每日运动：想一些与你整个身体相连的运动——从脚趾到手指，然后在家尝试。

我的心得

我年轻时练过“肌肉”，结果我的“肌肉”得到了锻炼。所以，如果你的目标是“肌肉”，那么至少你的一些训练可能需要针对“肌肉”。然而，直到后来我才明白，训练“动作”并不等于训练“肌肉”。“训练的结果在你的动作中有积极的表现，但不一定能有效地塑造肌肉。”如果你想更好地运动，你需要训练“动作”，而不仅仅是训练“肌肉”。运动链产生基本的“运动”，任何想要很好地运动的人都需要掌握这些运动。

前链

你是否曾经用双手把球抛过头顶，就像足球运动员在边线上投球一样？或者你试过向后弓起身体从某样东西下穿过吗？这两项运动都利用了肌肉和筋膜，筋膜在身体的前部连接成一条长链。当你像弓一样向后拱起你的整个身体时，身体前部的一切都必须一起来控制这个动作——否则当你开始向后仰时，你会马上仰面摔倒。如果你试着把你的身体弯曲成一个字母 C 的形状，你会注意到从大腿到腹部很多地方的肌肉都绷紧了。我们把身体前部的这种连接简单地称为“前链”。

连接在前端链条上的肌肉包括腹壁的肌肉、大腿和臀部前面的肌肉，以及小腿到脚的一些肌肉。通过拱起你的身体，这些肌肉会拉长，同时阻止你摔倒。与被动柔韧运动不同的是，肌肉和软组织不仅得到伸展，还同时努力控制动作。这被叫作离心力的产生。但是，如果目标是用力量把球向前送出，为什么足球运动员在投球时要向后拱起身体呢？那么，想想一个弓箭手用弓箭射击——为什么他要把弓拉成弓形呢？是的，当然是为了将能量注入弓里然后利用有负荷的张力将箭射出去。力量的秘密在于身体如何很好地承受或解除负荷。弓越大、越长，就越有力、越节能。就像加里·格雷说的那样，人体内的所有链条就像随时准备上膛发力的大弓。

前链包括很多腹肌，想要锻炼腹肌的人应注意整个连接而非只注意一小部分。如果我们真的懂得前链的工作原理，它将改变所有腹肌的训练。腹肌和上下相邻的肌群一样强大，这就意味着你的髋部屈肌、大腿前部以及一路向上到颈部的肌肉和筋膜都非常重要。坚持六块腹肌的锻炼没有错，但为了健康、健身和良好的表现，我们最好把它们和其他的前链联系起来。以下是一些建议：

前链蟹式伸展

双膝跪地，一手在体后撑地，另一手臂向后伸直，带动身体后仰。

双臂过顶触壁

背对墙壁弓步站立，双臂并拢向后伸展触及墙壁。

每日运动：上述每个伸展动作做 20 秒，做 5 组。

我 的 心 得

当今社会，人们的一些典型习惯放大了前链的问题。首先，很多人每天大部分时间都坐在办公室、车里或沙发上，这些都相当于前链处于一种缩短的状态，尤其是臀部。这将长期地缩短髋屈肌，即前链的中心部分。除此之外，如果我们的锻炼计划只是锻炼腹肌和腿部，而不解决身体之间的衔接部分，我们必然会在运动和健康方面出现问题。前链出现问题的常见副作用之一是背部疼痛。我个人经历过背部疼痛的可怕时期，虽然有很多原因，但是从那时起，前链训练已经成为我背部健康的基石。

后链

如果你经常听到有人抱怨背痛，他们通常指的是下背。但如果在旅行期间你注意过，那么你现在就应该知道把这些疼痛都归咎于下背是愚蠢的。你应该已经知道，下背部周围有许多辅助部位，可以帮助它保持健康和快乐。你可能还会猜测，下背部只是后链的一部分，它将整个身体连接成一条长长的“公路”。

你能不屈膝盖用手够到脚吗？我确定你以前试过，可能是因为它属于体能测试的一部分，或者可能仅仅是因为这样做会使你的背部感觉到很舒服。尽管这个动作可能不是最好的体测或锻炼，但是它确实可以让你知道后链的位置，因为大多数人都可以感觉到小腿、腘绳肌腱或背部的拉伸。那些熟悉瑜伽的人可以通过下犬式来获得同样的体验。很多人没能意识到后筋膜的底部以及颈部后部通往头骨的顶部是后链的一部分。这些部位确实是后端链条的重要组成部分，并能显著增强或降低肌体健康和功能。总的来说，身体后部的软组织可能是肌肉和筋膜上连接最紧密的组织。这是一个非常强大的链条，并且它为从地板上举起重物提供了大部分力量。

就像其他链条一样，后链需要整个团队的参与。如果因为腿筋又紧又弱，脊柱部位不得不参与举重，那么问题很快就会出现。如果小腿没有做好本职工作，脚底可能会受伤（即足底筋膜炎）。如果颈部肌肉缩短，姿势改变，整个身体就会偏离最佳位置。但如果团队配合得好，后面的链条会让你的很多活动变得轻松：做园艺、抱孩子、搬家具、蹲举，等等。试试下面这些针对后链的运动吧。

弓步前屈

弓步，上身前屈，双手手掌贴地，保持背部挺直。

面壁深蹲

面壁深蹲，保持背部挺直。

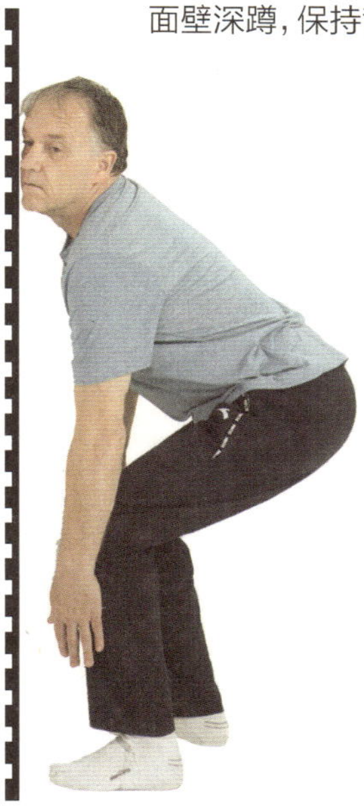

每日运动：每种锻炼进行 2（组）x 10（次）。

我 的 心 得

背部是身体的主要组成部分。当人们鼓励你干体力活时，他们会说用背吧。其实他们的意思就是要你将整个后链应用进去，而不只是你的下背。跌倒在地不需要任何体力或脑力，可是从地上爬起来却事关整个后链。如果你曾经有过背痛，那么起床就不是一件有趣的事情。对于我的背部来说，关键是它的整体灵活性，它允许链条作为一个整体进行伸展和收缩。很多时候，在用网球或泡沫滚动脚底 2 分钟再拉伸脖子后，我的背痛就得到了缓解。在我掌握了柔韧性之后，我也准备好了加强力量。

侧链

从双脚两侧到颈部、头部两侧肌体的软组织叫作侧链。就像前链和后链一样，侧链跟整个身体也有着连续性的功能性连接。侧链的一部分肌肉包括小腿一侧的腓骨肌，腓骨肌通向髂胫束，这是一条坚固而宽阔的结缔组织。当髂胫束接近臀部时，它与臀部侧面和背部的许多肌肉相结合，沿着躯干的一侧向上一直延伸到颈部的肌肉（斜角肌、胸锁乳突肌）。准确地知道这些肌肉的花哨名字或位置并不重要，重要的是要了解，就像身体所有的系统和部位一样，它们之间相互联系，形成了一个大肌群。这种关系的性质和特质会在挑战侧链团队的运动中得到检验。

向身体两侧弯曲或屈伸是直接针对侧链的练习。假如我们是企鹅而非人类，走路会更多地激活侧链，因为它们的走路方式更多地涉及身体两侧的运动。然而，根据托马斯·迈尔斯在其著作《解剖列车》中所述，对我们人类来说，侧链在保持身体前后平衡方面扮演着更重要的角色。如果你将手臂举过头顶然后向反侧伸展，你最可能体会到身体一侧在拉伸。这是直接拉伸侧链的运动。相反的动作，如用右手伸展到右膝的一侧，将会缩短或收缩这一侧的侧链。

当选择侧链锻炼时，我们自然需要知道预期效果和目标。对很多人来说，在链条的灵活性和平衡性之间保持良好的平衡就已经足够了。对于速降滑雪者或柔术选手，我们需要根据运动的要求来选择更具针对性的动作。而且，如果不解决侧链，一些问题也会出现：组织中的不平衡问题和健康状况会危及侧链，并随着侧链的问题显现，从头到脚都会受到影响。以下是一些可以在家练习的侧链运动：

交叉侧链拉伸

交叉步站立，一手扶髋，另一侧手臂向上向对侧伸展。

深蹲侧链拉伸

深蹲，双手拇指相扣，双臂向上伸展，保持背部挺直。

交叉蹲步侧链拉伸

交叉蹲步，上身前屈，双臂并拢向前下方伸直，保持背部挺直。

每日运动：完成一组 20 秒的侧链拉伸（每侧 20 秒），然后重复其他动作 10 次 。

我的心得

每当我身体的某个部位被忽视或难以通过锻炼解决的时候，我知道它在改善整体健康和功能方面还有很大的潜力。因为身体没有无用的东西，一切都是相互依存的，每一个部位都必须有一个伟大的目标和作用。不要掉入根据当地健身房的健身器材或最新的健身杂志文章来决定什么是重要的这样的陷阱！如果只有新潮和可爱的动作才能变得健康和强壮，那么人体的解剖学和生理学就会有很大的不同。侧链训练既不时髦也不可爱，但是就你的健康生活而言，它是有影响力并且非常有益的。

对角前链

在大多数动作和任务中，人体都使用了旋转模式。为了进行这些旋转动作，身体左右两侧存在一些非常强的肌肉连接。实际上这意味着这些连接点会穿过身体中线，然后形成“对角链”。当这些弹性链变短或变长时，总是意味着旋转力正在以这样或那样的方式参与其中。很多这样的对角链动作都是典型的运动模式，例如走路或跑步，就是右臂和左腿向前移动时将对角链（旋转）进行实践的典型案例。如果没有这些连接，我们可能会有一个完全不同的移动方式，而不是同时摆动对侧肢体。你有没有想过为什么人类的肌体会这样运作？我们的架构与我们的运作方式直接相关——我们本能地遵循效率原则和最小阻力的路径。

对角前链可以非常简单地理解成从小腿、膝盖到反侧肩膀的一条线。这条线就是从身体的一侧穿至身体的另一侧，刚好穿过骨盆结构，将很多大肌肉群整合成它的“引擎”。很明显有两条这样的链，一条从右到左，另一条从左到右，它们一起构成了一个双交叉图案，就像字母 X。

在跑步运动中，右手和左腿同时向后摆动，形成身体前部的旋转和伸展（也包括后部）。同时，另一边会向前摆动，缩短第二条对角链。这种循环模式在跑步和步行时不断重复，使得对角链成为这种基本步态循环动作的主要运动产生方式。很多任务都利用这种旋转模式，例如投掷和滑冰。我们将用以下动作来训练：

台阶旋转拉伸

正向台阶，一只脚踩在台阶上，双臂带动身体向一侧扭转拉伸。

滑冰式双臂摆动

侧箭步（一腿伸直，一腿屈膝），屈膝一侧的手臂向上、向后伸展，另一侧手臂向下触地，保持背部挺直。

箭步摆臂

箭步，屈膝一侧的手臂向上、向后伸展，同时另一侧手臂向下触及屈膝一侧的脚尖，保持上身扭转。

每日运动：做 20 秒台阶旋转拉伸，然后其他动作重复 10 次。

我的心得

学习和理解旋转的功能和生理学是人类运动历程中最重要的瞬间之一。它在很多方面都是有意义的，但我以前从来没有被教导要以这种方式来看待运动。“你只清楚你的大脑所知道的”，我曾经听运动领域的一位软组织专家莱尼·帕拉西奥这样说过。直到我了解旋转解剖学上的知识，我才从训练者的角度明白这个道理，并且我现在把它应用于我的运动指导中。如果你想有效、轻松且开心地运动，你必须准备行动的对角链。

对角后链

如果我必须从中挑出最强的对角链，对角后链可能是第一。同样地，对身体前部来说，对角后链在运动中留下了惊鸿一瞥，并且几乎涉及每一个动作。当然，如果你需要爬陡坡或铲一个大洞，请向对角后链寻求帮助。

对角链的肌肉大而有力。臀肌（臀大肌）和背阔肌连接对角后链的一些大肌群。对角后链的关键在于团队合作，如果这些身体部位没有协同运转，即使是最强的链条也会断裂。通常，弯曲且同时旋转的动作被认为对下背是有风险的，确实如此，特别是链条中有个环节不好时。但是，正确的时间、正确的地点、正确的活动量可以区分“好的”背部和“坏的”背部。

从表面来看，尽管所涉及的肌肉明显不同，但是对角后部链条跟前链很像，都是交叉模式。而且，前后链协同运转，彼此之间就像映像一样，只不过在身体的后侧。

对这些链来说，要想达到最佳工作状态的关键在于张力要分配在整个链条上。试想一下，如果弓箭不是均匀地弯曲，而是在一个地方弯曲太多，而在另一个地方弯曲太少，会发生什么？你不仅失去了弓的张力和对它的控制能力，还会在其最弱的那个点将其折断。当它们作为一个单位伸展或收缩时，再把力放在整个团队上，运动链会以最佳状态运行。我们可以用这个概念和弓的形状来想象当这些运动链承载着东西时，它们看起来会像什么样。这也意味着在运动链中我们要避免“尖角”而用“圆角”代替。

以下是一些锻炼对角后链的方法。

以下是一些锻炼对角后链的方法。

双腿交叉展臂

箭步，一只手按地，另一只手从侧面向上伸展。

①

②

手臂对角斜劈

01 中距站立，向前俯身，合掌，伸展双臂尽量向一侧触地，然后起身向对侧上方伸展。

①

②

02 在*01*动作基础上变箭步，手臂后仰，然后手臂用力向对侧下劈，同时收回箭步，下蹲使手尽量向下。

①

②

每日运动：以上每种动作重复 10 次。

我的心得

在我的职业生涯中，有时候我太专注于某一块肌肉。我知道每个人的臀大肌都在按照它们应有的方式运转，有很多讨论说这些肌肉没有被正确激发，并且所有的运动都是针对这个问题的。毫无疑问，我们久坐不动的生活方式或受伤可能会改变肌体运转的方式，然后我们有时候需要一种有针对性的方法来让身体恢复正常。更常见的情况是，我们倾向于夸大问题然后过度关注这些针对性的“纠正锻炼”。我们想通过努力让臀大肌“燃烧”得更好，结果却导致了更多的问题。更好的方法应该是专注于整个链条，加强其内部的团队合作。

手臂作为运动链的一部分

甚至不需要查阅解剖学书籍，我就可以自信地说手臂与身体的其他部位相关。现在我们已经确定了这个事实，可以再深入挖掘一下，找出它们是如何与整个“运动链”相结合的。当然，手臂已经被看作是它自己的一条链——臂链，或者臂线。手臂与躯干、另一条手臂相连，它们肯定是在运转。所以，我们可以把它们定义为它们自己的链条，并把它们归类为臂链，在手臂的“顶部”或“底部”运行。为了更全面或更大范围的综合运动，我们也可以将它们作为其他链的一部分进行研究。

由于手的能力，手臂的独特之处在于它们经常是运动的驱动力，无论你是去够一瓶水还是从地上抱起你的孩子，都是手在指挥着这个动作。由于头脑所产生的意图，你的身体会进行运动，而手通常是最终完成任务的工具。当你将球举过头顶想要用双手投球时，身体的其他部位会通过后弯使前链负重来支持这个动作。在这种情况下，手臂成了前链的一部分；但是如果我们将球举过头顶然后侧弯，手臂就成了侧链的一部分；如果我们投球的动作像挥动高尔夫球杆一样，那么手臂就成了对角链的一部分。这可能是看待手臂动作作为整体中一部分的一个非常简单的方法，但是在我们的“运动链系统”中，它将是非常全面同时也肯定是非常适用的。

将手臂作为运动链中的一个单位进行训练有别于将手臂作为单个的部位进行训练。作为身体链的一部分，我们的目标是使用伸直而非弯曲的手臂。在某种程度上，我们试图通过使用结缔组织的弹性和平衡力尽可能地提高效率。使手臂成为链条的一部分（从脚趾到指尖）的目标完全是关于运动的有效性，而不是关于手臂肌肉或美。不过不用担心，我们也有给这些肌肉塑形的工具（方法）。

祈祷式＋蟹式 3D

屈膝伏地，手臂尽量伸展，
用手臂带动上身横向运动。

①

②

跪姿单臂 3D 扭转

屈膝双手撑地，一侧手臂向前伸展，然后转向侧面伸展，最后穿过身体，带动上身扭转。

①

②

③

④

每日运动：将上述每种动作重复 10 次。

我 的 心 得

当你去超市买食物然后提着购物袋时，你是伸直手臂还是弯曲手臂？当你挂在一根杆上，手臂伸直容易还是弯曲容易？做了这些任务一段时间后，你可能会选择伸直手臂，因为弯曲手臂比伸直手臂会更快地感到疲惫。换句话说，只要有可能，身体（和大脑）都会选择最有效的处理方式。这也意味着利用物理定律，比如杠杆原理，用最少的力气完成目标。较长的杠杆也可以实现更高的功率输出。例如，想象一下你手里拿着一把斧头在砍木头，做这件事时你会伸直手臂还是弯曲手臂？

运动链的结合

当身体前弯、侧弯以及同时旋转时，涉及哪些活动？当然有很多。你可能在下坡滑雪、换汽车轮胎，或者在孩子们玩耍后做一些清洁工作，这时，哪种运动链负责前弯、侧弯以及旋转？这是一个看似容易的问题，因为实际上没有运动链可以单独完成这件事，所有运动链都是密切相关的。同样的道理适用于我们生活中的大多数运动。这些运动链一起工作产生想要的运动。学习和训练每一条运动链都有其目的和意义，但它们之间的联系比我们想象的还要紧密。

将这些运动链相结合可以创造一个有趣的运动游戏——你想尝试吗？答案不是口头上给出的，而是通过自己进行运动感觉出来的。我们开始吧！

（1）如果将后弯和向右旋转结合会是什么样子？

（2）在前弯的基础上增加一个左弯是什么样子？

（3）向左旋转同时向右侧弯曲、向后弯曲是什么样子？

你可能注意到最后这个体位与你熟悉的一个动作很相似，只是没有用运动的语言去思考它而已。即使这个小实验有点天真和初级，但是它展现出不同运动模式和链条的结合。如果仅仅从整体的身体模式来思考，我们也很容易忽略通过运动的变量而存在的无限变化。弯曲或旋转几乎可以是任何角度，更不要说运动速度、身体姿势或运动的驱动力。组合和变化的数量实际上是无限的。

基于训练的目的，我们可以将这些组合系统化，让身体有机会体验几种不同的组合锻炼，并让其中一些有机会提升“技能”。技能就是人即使在不断变化的环境中也能进行跟预期结果相同的运动——这可能需要更多的时间、重复次数以及有意识的练习。接下来看看值得我们多次重复的一些运动组合。

3D 平板支撑

平板支撑状，用髋关节带动臀部向上使身体呈倒“V”状。然后缓慢向下至大腿贴地。

①

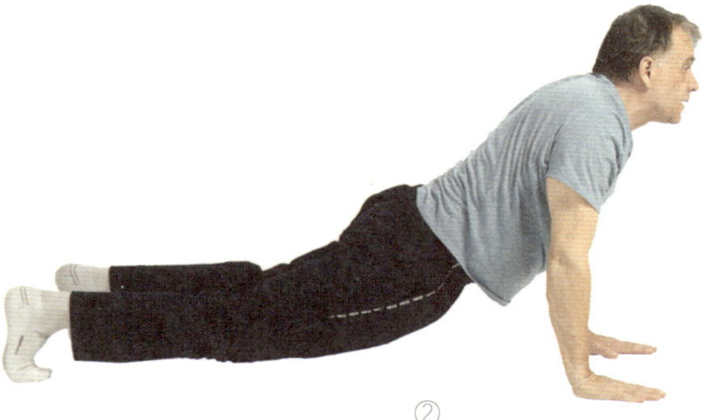

②

3D 深蹲

中距站立，屈膝，手扶髋部，头部带动身体向一侧下蹲。保持膝部位置不动。

①

②

3D 箭步行走

箭步行走，两侧手臂交替带动上身前倾，手尽可能与地面接近。

①

②

每日运动：每种动作重复 10 次。（注意避免看起来像个机器人）

我 的 心 得

机器人技术已经变得越来越先进，一些机器人甚至可以像我们人类一样移动，但是很明显它们不能跟人类身体的适应性和多用途的运动技能相提并论，人类的灵活性和随机应变的能力比机器复杂得多。将运动模式结合起来并同时进行是我们运动的一个显著特征，它需要一个实时反馈机制，以及处理世界上最大的计算机都无法处理的大量信息。

本章总结

我们已经确定了前链、后链、侧链、对角前链和对角后链。此外，我们还发现了臂链是如何与这些较大的运动链相连接的，以及这些链是如何共同产生功能性运动的。单一的运动链不独立负责任何运动，但是它们一直在参与运动。识别这些运动链的关键在于在运动中理解、简化、评估并使这些人体训练系统化。

解剖学书籍会告诉我们大约 700 块肌肉的名称，以及与之相关的运动。这是很好的信息，但是只有当你能够处理这些肌肉的功能以及它们对周围肌肉的影响时，它才是实用的。可以肯定地说，能够实时管理所有信息的人（如果有的话）并不多。当涉及运动时，尽可能通过最大而非最小的单位来分析它才是有意义的。首先，通过检查把身体作为一个整体，然后通过运动链和其他连接系统，我们可以保留并利用最初建立的人体运动原理。如果我们一次只关注一块肌肉，就违背了整体性和团队合作原则。

既然现在你希望清楚这些运动链以及它们在生活和运动中所扮演的角色，你可以在自己或别人转身时注意它们，你会意识到哪些模式可能需要更多的训练，哪些已经像梦之队（美国国家男子篮球队）一样在运作。现实当然是，所有的链条都需要不断维护和重新激活。

作为你运动之旅的教练，通过借助少于 10 条运动链而非上百块肌肉来观察运动，我的工作要简单得多，工作效率也更高。假如我是一位正在给你做手术的外科医生，那情况又会不一样了，但是随着运动的进行，所有的身体部位比孤立的肌肉更重要。

老实说，我想不出比把“训练运动链”这种工具作为健身计划重要组成部分更能让身体健康以及高效的方法了。整个运动链的灵活性能让它承受负荷，运动链的力量性能使其解除负荷或爆发力量。这个方法的简单性使它变得实用和容易。

当我们看到一位伟大的网球运动员发出有力的一击或做出漂亮的扑救来使球保持运行状态时，我们会钦佩他在网球运动中的技巧。通常，我们专注于与技术相关的特定技能，如发球、正手或反手。但是，我们很少看到运动员在正确的时间、正确的地点以正确的姿势来完成那一击。一个带旋转的箭步动作可能听起来、看起来或感觉起来都不如网球中的反手击球那样迷人，但就总的动作模式而言，这就是击球的主要组成部分。所有惊人的技能，以及普通的日常任务，都需要基本的运动技能来建立——这是训练链条的目标！

Part >>

08

健身元素

健身元素有哪些

针对性原则表明，如果你想要提高跑步能力，最好的方式就是坚持跑步。同样的道理，健康的各种要素也会对特定的刺激做出反应。换句话说，变得更加强健需要进行力量训练，变得更加灵活需要进行合适的柔韧性锻炼。至少在理论上是简单而直接的。在实践中，健身要素之间有诸多重叠部分，并且有时候力量训练可以提高柔韧性，反之亦然。这一切表明，身体会对针对性原则首先做出反应，但是由于身体部位、健康要素之间相互依存以及团结合作，某一方面的变化会对其他方面产生一定的影响。

在这个阶段，我们要研究各种健身要素以及在你的健身之旅中如何攻克它们。为了实现最佳运动能力，我们需要所有运动元素一起合作。当然，在正常的生活中和良好表现中，正确的功能性运动有不同的要求，但是仍然有待改进。我们还需评估在健康和运动中哪种健身元素对实现我们的个人目标最重要。请检查下面的这份列表，按照你认为的重要程度进行排序。在这个训练阶段的最后，你可以重新进行排序，然后你对个人健身就会有不同的看法。

（1）灵活性

（2）力量性

（3）心血管耐力

（4）协调性

（5）平衡性

（6）速度和力量

（7）敏捷性

（8）特定的运动技能

随着旅程继续向前推进，你有很多机会可以使你的健身计划更具个性化。虽然健身的所有要素都是运动的基础，但我们可以将大部分精力和努力投入到那些最能推动我们实现目标的要素上。你可能也体验过一些元素对你来说很简单，而其他元素却很难改进。任何健身元素都是可训练的，但是遗传决定了在一个特定的领域实现多少是切实可行的。此外，如果这本书没有充分强调，那么这里我再强调一遍：这些元素的相互影响和团队合作是构成运动表现的因素。

每日运动：进行你最喜欢的体育活动，然后想想哪些健身元素是当下最流行的。

我的心得

我从小时候起，就是一个跑得相当快、投掷技术也相当不错的人。但同时，我也总是在与一些远距离和持续时间较长的赛事作斗争。从基因上讲，我更容易在需要速度和力量的活动中表现得更好，而心血管耐力从来没有自然地降临到我身上。通过训练，我已经能够在健身的各个方面都有所改善，但我在一些方面用较少的努力获得了更大的成功，而在另一些方面则相反。

灵活性

在我们的健身之旅中，柔韧性训练的目标不是要变得和体操运动员、空手道运动员那样灵活，而是用其他的健身元素来提高柔韧性，在此，运动不受其限制，而是由它来实现。你不必经常做一些极限运动，但是你需要做一些跟你的目标相关的合适的以及具有针对性的运动。

许多人认为柔韧性是他们最好或最差的特质。通常情况下，那些喜欢致力柔韧性锻炼的人已经非常灵活了，而那些极力避免柔韧性锻炼的人，可能之前已经尝试过，然后根本找不到成功的感觉。然而，事实并非如此，柔韧性很糟糕只是因为练习的方法不对。关键在于我们总是想做自己擅长的事情而避免做一些没有成就感的事情。对于个人而言，如果灵活性是你运动能力的“限制性因素”，那么你需要花更多的时间对此进行锻炼。然而，如果灵活性是你最大的一笔资产，那么你可能要在另一个健身元素上花更多的时间。

“柔韧性”和“灵活性”经常互换使用，尽管它们的意思不同。根据专家的说法，“柔韧性”是指肌肉伸展的能力，而“灵活性”是指关节在一定范围内活动的能力。当然，这些能力息息相关，尽管它们指向运动的不同方面。在旅程的前面阶段，已经有相当多的锻炼解决了灵活性问题，我们将在这里集中讨论通常被理解为灵活性的东西。

如前所述，柔韧性锻炼主要针对的是肌肉和结缔组织，目的是将其延长。延长肌肉的唯一原因是如果它太短而不能正常运转，延长（拉伸）将使其活动正常化。不幸的是，许多有着美好意愿的健身爱好者总是在拉伸不需要拉伸的肌肉，仅仅因为拉伸会让人感觉良好，但是它并不意味着总是对你和你的身体有益。尽管如此，把针对缩短肌肉和伸展肌肉的柔韧性锻炼作为一种积极恢复确实是一种很好的想法。以下是我总结出的一些方法。在针对整个运动链进行全身拉伸之前，这些柔韧性锻炼通常被用来解决大肌群问题。

柔韧性练习

①

②

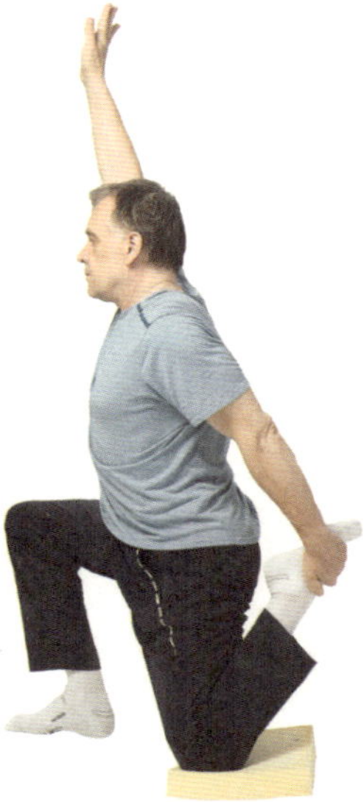

③

01 臀大肌作为对角后链的一部分。

02 虾式伸展——股四头肌作为身体前链的一部分。

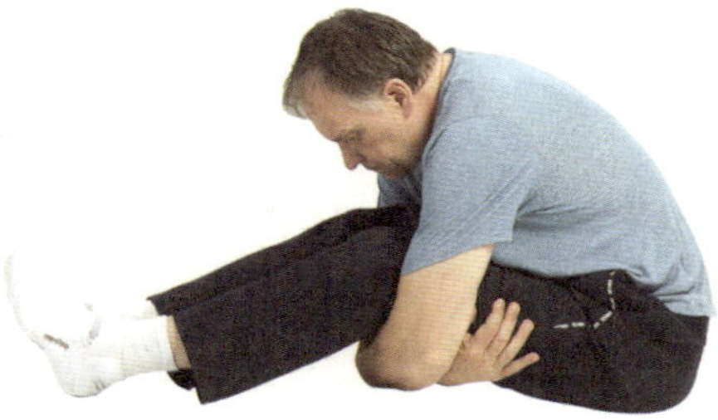

①

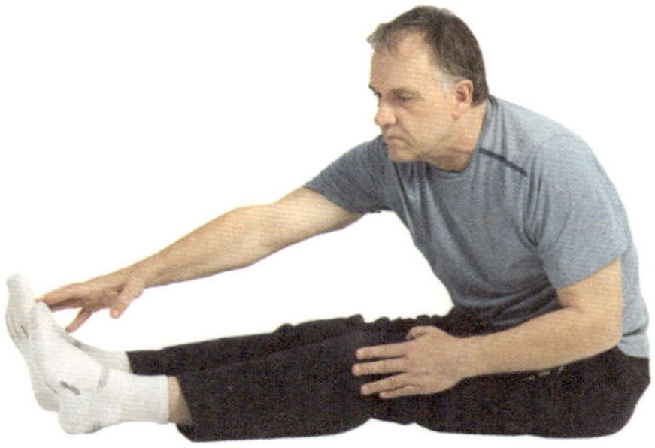

②

每日运动：完成上述拉伸各 20 秒，然后可以做其他运动，评估效果。

我的心得

在过去，拉伸并不是一个具有争议性的问题，但是随着越来越多的研究结果对它提出质疑，并且各种形式的柔韧性锻炼进入健身领域，现在它成了一个有争议性的话题。在运动前和运动后你会做什么？你应该保持多长时间的拉伸？你应该做静态拉伸吗？为了让事情变得更简单，你可以用以下两个问题的形式来使用这些标准：

（1）拉伸之后我是否可以运动得更好？是/不是。

（2）拉伸后，我的动作是否感觉更协调、更连贯？是/不是。

力量性

前面我们不是已经讨论过力量性训练吗？是的，我们确实讨论了，在力量性自重训练运动技能阶段。在本书的最后，还会提到一些关于力量训练的内容。这是一个值得经常提起并从不同角度加以研究的课题。

在这一阶段，我们将讨论力量作为生活特定健身的组成部分，以及如何通过使用外部阻力来训练力量，即使你在家没有“负重的器械”。

“力量”的第一阶段是在运动时控制好身体的重量，在旅程的第八阶段我们会增加一些阻力训练来控制和四处移动。生活中我们经常需要提起、移动或搬运一些东西，它们不一定很重，但是在形状和大小方面不那么规则。此时我们所面对的挑战是如何在不会太疲劳或拉伤的情况下安全有效地移动这些物品。每当我们抓住一个重物时，重心就会转移，使得平衡越来越难，也增加了肌肉完成工作的难度。根据负重的类型和“价值”，移动的速度和精确度也会发生改变，我们抱孩子的方式和在花园里搬一袋土不管是看起来还是感觉上都很不一样。

另一个用于描述与力量相似特质的词语是“稳定性”。当需要抵抗对运动任务造成干扰的力量时，通常使用“稳定性”。稳定性并不意味着绝对静止或不运动，而是在各种变化性的条件中控制运动的能力。想象一下在强风中驾驶一辆汽车，在紧握方向盘的同时做出必要的调整，从而使车保持在车道上——这是一种想象实现“稳定化”的方法。

这个阶段用于力量训练的绝对重量不是最重的，甚至还没接近它。在旅行的最后阶段，我们将触及“最大力量”这个主题，但是此时我们的关注重点在于日常生活中的负重以及可控运动。这可能意味着任何类型的阻力运动，例如提一桶水、背一个背包、扛储物箱或抱一个小孩。在这些示例练习中，我们使用了一个沉重的背包，但也可以使用另一种工具作为阻力。

蹲举

①

②

单腿深蹲旋转

单腿深蹲旋转，双臂伸直拿重物。

①

②

侧弓步

侧方弓箭步，手握重物。

①

②

每日运动：每种锻炼重复 10 次。

我的心得

一些比较困难的日常挑战是那些体力活，需要在水平面上移动一个中等重量的物体，同时必须伸直手臂来操作。举个例子：从汽车后座上拿起一个婴儿背带或从汽车后备厢里拿起一个沉重的手提箱。这两项任务都需要在重量远离身体的情况下，使用长杠杆移动和举起重物。此外，环境（车）不允许我们最大限度地使用身体，当一个人要去车里拿东西，他最主要利用的是手臂和上半身，而非腿。这是一项具有挑战性的任务和运动，很多人在这些境况下会感觉到特别“无力”。

心血管耐力

只有当你的表现达到一个新的水平或有所下降时，你才能学会欣赏大多数的健身元素。心血管耐力就是这样。随着心脏和肺活量的加强，你会比以前有更多的能量，以前一些需要体力的活动现在也变得容易多了。另一方面，如果你不得不长时间休息，比如因病而长时间卧床休息，你很可能已经注意到你的耐力是如何下降的。心血管耐力是健身的一个要素，是你在训练中需要投入时间和精力的一项富有成效的投资。

简单地说，心血管健康就是心脏、血液循环和肺部为工作中的肌肉和整个身体提供氧气以及血液的能力。它也指这些组织利用氧气进行运动的能力。这些特质通常是很容易训练的，这意味着它们对定期锻炼的反应很好。

通过适当的心血管训练，你的心肌会变得更强壮，运输和利用燃料（氧气）变得更有效。你可能知道这在实践中意味着什么：你不会像以前那样容易上气不接下气，你可以让你的体育活动持续的时间更长。即使你不打算成为一名跑步者或耐力运动员，良好的心血管健康也可以让你更长时间地保持力量锻炼，且恢复得更快。正如你所知道的，健康的发展实际上就是给身体施加压力，让身体在正确的时间间隔内得到休息——恢复得更快才是最重要的。

我们已经在这段个人健身之旅中行进一段时间了，现在你已经在“有氧运动”中有了一席之地。但是随着进程化原则和超负荷原则设定了越变越好的规则，心血管运动周期的要求越来越高。一开始，沿着街区走一走可能已经达到足够改善的状态，但是现在已经不足以引起对系统的刺激了。它意味着“散步”现在已经成了更容易的恢复过程，而另一种锻炼则成了新的“健身锻炼”。你可以研究下面哪种方式适合你，这些锻炼的方式可以是步行、跑步、徒步旅行、骑自行车、划船、游泳、越野滑雪、走椭圆机，等等。

（1）慢速到中速（例如在不同地形远足）。

（2）间歇性地慢速到快速，20~30 分钟（例如慢速 3 分钟、中速 1 分钟）。

（3）更快更长，匀速，30~40 分钟（例如适度的跑步速度）。

（4）间歇性慢速和快速，20~30 分钟（例如 30 秒短跑、3 分钟步行）。

（5）在中速和快速之间切换，30 分钟内（例如以不同的速度奔跑）。

每日运动：在你选择的心血管锻炼中完成一组锻炼。

我的心得

我的心血管耐力训练方案通常包括 3 种类型锻炼，每一种都是为期 7 天的循环。训练（1）是关于耐力训练，这个锻炼是长达 60 分钟或者更长时间的心血管耐力锻炼，通常是在周末。训练（2）是关于速度和强度的，比训练（1）时间更短，但是速度更快，用时 20~30 分钟。训练（4）是密集的间歇性训练，快速和慢速交替进行，如冲刺 10~30 秒，然后进行 2~4 分钟的步行或慢跑。

协调性

你上一次以专门提高协调性为目的进行锻炼是什么时候？最常见的答案可能是："我从来没有这样做过。"事实是大多数人甚至不知道协调性是什么意思，更不要说如何让它变得更好。即使我们这些健身专业人士也很难对"协调性"进行定义以及将其有效纳入健身计划。通常情况下，无法沟通和解释某件事会让这件事显得不那么重要。虽然协调性难以用语言表达，但是也不应该限制它在运动语言中的表达。对协调性的定义使我们的大脑接近它的核心理念，但是却没有表明在现实世界应如何对其进行训练。

协调指的是"将复杂身体或活动的不同元素组织起来，使它们能够有效地协同工作"，协调能力是"顺畅而有效地使用身体不同部位的能力"。

基于上述定义，每一个动作我们都要求协调性。你也可以说，动作越复杂，对协调性的要求就越高。移动一根手指与全速奔跑的同时在背后接球所需要的协调程度是不同的，但是在这两种情况下，协调性都是团队合作的组成部分。

协调性作为健身的一个元素，比力量性或灵活性更加抽象，因为它与肌肉大小或关节结构没有太大的关系。换言之，与本阶段所涉及的前几项特性相比，它更具“无形”的性质。协调是运动中的一种神经性特征，跟肌肉或骨骼生理学没有太大的关系。这也意味着直到你看到人以多种方式运动你才能明白其协调能力。而且，协调是某些活动所特有的，就像大多数特质一样，一个人可能在某一项协调任务中表现出色，而在另一项协调任务中表现不佳。你也会意识到，这段旅程中的所有动作和练习都涉及某种程度的协调。我们还可以进行有意识的协调性练习，比如跳跃时手臂和腿向不同方向移动。

每日运动：用 2 分钟完成几种协调性训练。

我的心得

协调是我最喜欢的运动特质之一，因为它是运动机能的本质。它是对身体产生的所有行为和力量的控制者和调节者，它是身体各部分与健身元素之间的交流者，它是让团队朝着一个共同目标奋斗的教练，它是机场的飞行控制者和繁忙十字路口的交警。协调就像一张无形的网，把一切都联系在一起，让身体协调，提高你执行更复杂任务的能力和技能。

平衡性

健身的第四个要素也是我们这个阶段非常重要的一项研究，就是“平衡”。我们已经多次讨论过“平衡”，特别是在第二章中，我们已经用单腿热身运动为这个关键部分奠定了基础。在旅程中，我们对动态平衡特别感兴趣，因为它跟大多数运动有着直接关系。从前，人们认为动态平衡是指运动时保持平衡，而静态平衡是指不运动时保持平衡。然而即使是静止的姿势，如单脚站立不动，也需要脚和脚踝小幅度的矫正运动。所以从这个角度来看，只存在不同程度的“动态”平衡。如果身体完全静止不动，那么这个人可能已经死了，但是这已经超越这个旅程的范围……接下来我们谈谈关于平衡更积极的想法和应用。

在旅程的开始，我们的目标就是针对生活和运动中的功能性任务，为肌体结构、肌肉和关节做准备。有了坚实的基础之后，我们的目标就是在更加专业的训练方法上再加上平衡训练。想想你可能面临的不同的平衡挑战：不平整的地面或泥泞的下坡，不稳定的环境，如冲浪板或移动的火车，外力或试图把你推下去的人，黑暗中突然出现的障碍，等等。这些情况的一个共同特征就是你试图保持站立或直立，而周围的环境是你试图努力保持平衡的原因。好消息是平衡是一种可训练的特质，坏消息是训练需要针对平衡挑战的特定需求而进行。这意味着在平衡木上保持平衡不会让你成为一个能自如控制的冲浪者。

从本质上来说，现实生活中需要平衡性的一些运动任务通常是“反应式”的。需要保持平衡的需求来得很快，甚至很突然，为了再次保持平衡，一个人必须快速做出反应。这就是为什么平衡也和速度、力量这些元素息息相关。这可能是老年人更容易跌倒的原因之一，因为随着年龄的增长，我们首先失去的是快速运动的能力，同时平衡性也会大打折扣。在前面的旅程中，我们的很多练习都包含了平衡性，比如单脚保持站立、双手交替触地，就是很好的平衡性练习。我们还可以闭眼进行弓箭步或进行弓箭步时眼睛看向不同的方向，或者单腿朝面前的某个目标跳去，也可以单脚在各种表面上深蹲，如地毯、草地、斜坡等。

如果你经常需要在特定的地形、表面或环境中保持运动平衡，那你就更需要平衡性，你可以试图找到一种针对这一挑战的训练。

每日运动：把你能想到的平衡性训练做 20 次。

我的心得

小时候我最喜欢做的一件事就是试图找到一种方法在不触地的情况下从空间的一端到达另一端。一般来说，这是通过从一件家具跳到另一件家具来完成的——不用说，这不是我母亲所喜欢的游戏。在外面，我从一块岩石跳到另一块岩石，试图避开地面，这是“热熔岩”。在徒步旅行的小径上，同一种运动在过河时也被使用，而脚却没有被打湿。这些活动是最好的——只要在一切都太迟之前坚持下去。

速度和力量

运动是由所有健身元素混合而成的。尽管如此，当我们观看体育竞技时，吸引我们的总是那些最易欣赏的特质，比如跑得更快、跳得更高或投掷得更远。当我们在任何地方表演或见证一场爆发性的运动时，我们经常使用速度和力量这样的词语来表达运动的本质。特别是在自然界中，速度是生死攸关的事情，因为“赛跑”往往以猎物被吃掉或猎人挨饿而告终。运动世界中的力量一词是通过力和时间的方程式来表示的。在较短的时间内产生的力越多，产生的能量就越多。奥运会举重运动员在很短的时间内将重物举过头顶，产生很大的力量。但许多其他运动，如跳跃、冲刺、投掷或击打，也涉及力量的因素。想想运动中发生的任何快速动作，你就会发现运动中的“力量”。但是力量这一要素只针对运动员吗?

即使你在日常生活中不需要绝对速度或力量，你也会从训练中受益匪浅。这些特性依赖于一种特殊的快速产生力的方式，称为肌腱能量。肌腱在负荷下伸展和缩短，使我们能够快速高效地移动。如果你曾经跳过绳，你已经利用了肌腱的能量，因为你的脚跟以上的跟腱每次在脚踩地时都会延长，而当你离开地面时会缩短。这种拉伸缩短周期为你提供了快速且非常经济的弹性能量。我们全身都有肌腱连接在肌肉和骨骼上，随时准备以力量回应——如果它们准备这样做的话。随着年龄的增长，我们不再像孩子那样自然地使用这种能量，我们开始丧失这种能力。当我们突然需要它来阻止我们摔倒时，可能就太晚了。

但是，开始训练然后提高速度和力量永远都不会晚。你不必加入举重俱乐部就能取得一定的成绩，尽管这是一个不错的主意。你可以在家里做很多有效的运动来提高你的速度和力量，比如深蹲然后向不同的方向跳，或者快速击球，也可以进行 5 米冲刺。记住，在运动中即使是很小的速度变化也会帮助你逐渐恢复肌腱能量，提高力量水平。如果你现在不能跳，那就抬起脚尖做一次快速的深蹲。如果你还不能准确击球，就从移动你的身体和手臂开始，在你感觉舒服的时候加快速度。这些练习听起来似乎很简单，但当你去做的时候，我相信你能感受到速度与力量，它们正是你每天保持身体活力的必要元素。还等什么呢！

每日运动：将上面提到的锻炼（深蹲后往不同方向跳跃、快速击球、5 米冲刺）练习 5 次，感受力量和速度。

我的心得

我承认，随着年龄的增长，参与运动时越来越难以把握速度和力量。十几岁时，我会自发地跳过一些东西，而现在我不太愿意做类似的事情。这并不是我的大脑不想快速运动，而是我的腿不像以前那样有活力且有轻盈的感觉。这也很可能是很多人主动停止运动的原因。然而，当我感到轻松和精力充沛时，我会抓住机会进行力量性运动，这样做不仅让我感到更年轻，而且我也很喜欢短时间的运动和长时间的休息。

敏捷性

敏捷性是一种经常被误解为只是快速移动的特质，其实快速且轻松地移动只是敏捷性的一部分，而非全部。事实上，很多词典上的定义也提到了将“快速思考与理解的能力”作为“敏捷性”的另一解释。通过这两种定义的结合，我们更接近敏捷性的真正本质——敏捷性与作为对环境刺激的响应而产生的反应性运动有关。想象一个撕标签的游戏——这是一个非常完美的运动中有关敏捷性的典型例子。在撕标签游戏中，你要尽量避免被困在一个相对较小的空间中，必须在一定的空间和时间内采取行动。换句话说，你不只是快速行动——你必须观察、反应、适应并根据你的本能决定做出行动。

你可能会想，敏捷性不需要成为运动词汇或健身计划的一部分。但有些情况下，每个人都需要敏捷性，不仅仅是足球运动员踢球或孩子们玩撕标签的游戏。环境决定了我们大部分的反应，然后我们的运动变得更加被动而非主动。我们想保持控制，提前确定自己的动作，有时快速反应和敏捷动作不仅方便，而且可以拯救生命。

突发状况要求快速的行动。在我们平常的一天或一周中，我们可能不会遇到很多需要猫式反应的挑战。但当我们真正面临某些状况时，快速、精确和协调地行动起来是必不可少的。有时候是需要通过快速反应和移动来预防伤害和事故，有时候是要在某人跌倒之前抓住他，有时候是需要躲开快速行驶的车辆。出于这些特殊的原因，许多伤害预防计划都包括敏捷练习。

改变方向和运动过程是敏捷性的核心，特别是当它由我们周围的环境和刺激所导致时。然而，改变方向对身体有所要求，因为它必须先减慢运动，然后在新的方向上加速，这需要很大的力量和精力。快速运动还要求肌腱和结缔组织为快速拉伸和收缩做好准备。敏捷性练习的目的是让你的身体和大脑为生活中的敏捷性做好准备——它们可能很简单，也很有趣，比如玩跳房子游戏，用脚保持气球始终在你脚面以上，等等。环视你的周围，我相信你一定能找到更多有趣的物品帮助练习，就像你孩童时玩游戏那样。

每日运动：选择一种敏捷性训练，仔细感受它。

我 的 心 得

一个月前，我在森林里徒步旅行时，差点踩到一条蛇。那条蛇是无毒的，但我的第一反应还是迅速跳开。这是一种反应，不是计划好的行动。这些看不见的情况只是训练敏捷性的一个原因。同样的情况也可能发生在更可控的环境中，比如在体育比赛中，人们的反应是可以预见的。或者在繁忙的人行道上，你的行动很可能受制于他人。

本章总结

你觉得健身的哪些组成部分让你感觉到舒适和成功？哪些是最陌生的，甚至是“可怕的”？或许你已经是灵活性和平衡性方面的专家了，但是力量性锻炼却已超越你的舒适区，或者可能正好相反。我们都有自己的“健身组合”，其中包含独特的项目和特点。健身总会有一些对我们来说更容易的部分，我们的运动和个人表现都是建立在这些部分之上的。还有一些我们天生就不擅长的元素，需要更多的努力来改进和维护。依靠自己的优势可以走得很远。

在一个新领域的旅程中，不可避免地会出现一些问题，而这些问题是不能用老的、值得信赖的技能和能力来解决的。开拓新天地在精神上和身体上一样具有挑战性，因为人们必须鼓起勇气去尝试新事物，发展新的功能性运动能力。训练和适应一个没有被关注和花费时间的健身领域需要努力，但是也可以挖掘一些以前从未看到或触及的潜力。

当你学会在自己的运动和表现中识别不同的健身元素时，试着用这些元素来评估自己的状态和水平。我建议你尝试改进一个你以前很少涉足的领域。如果可以的话，在开始的时候用一个简单的测试来测量身体的各个部分，然后在一个月内重复测量——你很有可能会看到身体有了很大的改善，同时注意到身体其他部分的健康水平也提高了。

我在精神上和身体上都有一些限制因素，现在我已经能够准确地指出并监控它们了。我的一个限制因素是处理“压力”的能力。我知道，提高缓解和管理压力的能力会让我的工作、健身甚至家庭生活变得更好。同样，在足球比赛中，我的耐力限制了我的速度、力量和技术。但通过提高我的心血管耐力，我变得更喜欢使用力量，因为疲劳对我的比赛影响较小。经过 40 年的努力，我发现提升自己的“弱点”是一项值得投入时间和精力的投资。

写在一段旅程的最后

我们的健身之旅即到达终点，我希望它能延续到你的生活中。我希望它是简单、实用并且鼓舞人心的，而且，针对自己的健身计划你可以对其进行修改。而且，至此我相信你已经懂得根据你的境况如何对这些知识进行运用的原则。

请记住，你的个人健身之旅本身也是一个目的地。有时候这条路已为我们指明了方向，然后有时候我们需要为自己和其他人开辟道路。也许你可以成为别人的向导，帮助那些需要指导的人——不要怀疑你自己，为你的朋友或家人带路。最好的秘密是当你成为一个领导者、一个老师、一个向导，你会比一个跟随者更快地学习、发展和实现你的目标。

下面，我想向你简单地介绍一下这本书的剩余部分。尽管我们的健身之旅已到尾声，但是这本书还会继续给你未来的健身之旅介绍一些你必须了解的健康真相。教练 Esa 将与你分享他丰富的专业知识，并向你提供一些经验之谈，而这些只有在这段旅程有着 40 年经验的人才能做到。我非常感谢 Esa 教练，他和我分享了这个过程，在我艰难的时刻，他一直支持着我。

感谢你在这一路上一直让我做你的向导。虽然我不认识你，但你已成为我的朋友、同行的旅伴。谢谢你对我的信任，谢谢你对我那些愚蠢的笑话报以礼貌的笑声。祝你在生活中、在追求健康的过程中一切顺利！

托米 · 帕沃拉（Tommi Paavola）

欢迎来到接下来的旅程

显然，至此你已经跟随 Tommi 教练完成了一趟令人激动的健身之旅。我相信在这趟旅程中，你所了解和学习到的东西是你以前从未想到过的，也不会有任何一位健身教练这样告诉你并躬身实践。作为国家队教练，Tommi 本可以告诉你更多“专业”的健身方法，因为他指导过众多优秀运动员，包括诸多世界冠军，但我很高兴他没有这样做，因为他深知你想要的健身与竞技体育是全然不同的领域。

健身的目的是什么？是获得一身健硕的肌肉吗？是拥有健美的身材吗？是一张挥洒汗水瞬间的美照吗？或许这些很诱人，你走进健身房的动力很可能也源自这些，或者这也是你的健身教练希望你在跟随他 6 个月甚至更久后能够展示出来的风采。但我要说的是，即使你拥有了六块腹肌和令人尖叫的胸大肌，也并不表明你在健康方面取得了多大的胜利。肌肉确实是衡量健康的一个因素，但身体的平衡和协调能力，以及我们在生活中如何正确地使用它为我们的生活带来便捷，并让我们的身心因此而获得快乐，才是衡量健康的最重要的标准。

关于如何将运动融入生活、如何将运动的各要素通过身体准确地表达出来，从而让我们因拥有健康的身体而成为幸福的人，本书已经讲得够多了。这虽然是一趟艰辛的旅程，但我相信你在上路不久就找到了其中的快乐，并已经深深爱上它。健身是一项长久的事业，本书展示的旅程只是一个开始，一次练兵，它为我们描绘了一张蓝图，想要更好地使用我们的身体为我们的理想而服务，我们必须不断地再一次踏上这样的旅程。每一次的旅程都将充满未知，可喜的是，你跟随 Tommi 教练的这场探索已经让你对任何一次新的冒险都满怀信心，不是吗？所有的工具你都使用过一遍了，所有的关卡你也都顺利破除了，当你独自上路时，我相信你必将满怀自信。

作为亲密搭档，我和 Tommi 教练有着共同的理想，但彼此又有着不同的研究领域。我们都很乐意将毕生所学以及在训练专业运动员过程中获得的经验倾囊相授。很多人走近运动、想要健身，是出于对健康的追求，还有一部分人则是被动的，因为身体的疼痛，不得不开始运动。这个时代，长时间以一个姿势工作造就了大量身体酸痛、关节僵硬的人，有的人甚至某些运动功能严重受限，当我们不能很好地使用我们的身体时，其实是一个危险的信号，因为接下来可能会有一系列的问题在等待着我们。所以在本书接下来的部分，我希望我能够就这一问题为你揭示一些真相，并给你一些切实可行的建议，至于具体该怎么做，我相信你一定能从你的旅程中找到答案。对于顺利完成健身之旅的你来说，我希望这会是一个额外的收获，倘若你正好被这些问题所困扰。

好了，让我们开始吧！

艾萨 · 张（Esa · Zhang）

Part >>

09

疼痛真相

为何肌肉会酸痛

大多数人对颈部肌肉酸痛或肩部区域的疼痛都非常熟悉。以我和各个年龄阶段各行各业的人一起工作的经验来看，我们已经意识到紧张和敏感部位不仅在肩部区域，而且在很多部位，如臀部、小腿、前臂等，这是多么常见的一件事。然而，很少有人意识到这些功能性肌肉紊乱会变得多么多样化和严重，且人们还普遍忽视了很多症状常常是由肌肉功能失调引起的。

不幸的是，问题的根源往往不能够被解决。因为这种慢性或急性疼痛通常不是疾病或创伤的直接表现，通常情况下难以找到确定的原因。

由于身体系统的不灵活、功能紊乱或缺乏平衡，肌肉、骨骼疼痛会功能性地持续一段时间。有时候症状完全不一样，以至于很难搞清楚这些病因之间的联系。甚至一些头痛也可能是由肌肉功能障碍引起的（当然还有其他可能引起头痛的原因）。

但是，这些症状的根源经常在于肌肉的疼痛。正如上面所提到的，这一点没有得到正确理解甚至被忽视。在接下来的篇章中，我想就我们对身体忽视的这个方面进行解释。

当我们想要更好地了解如何改善身体的功能和管理功能障碍时，我们必须知道一些关于身体的基本事实：它是如何组合起来的？它是如何运动的？这并不意味着你应该学习所有的解剖学和生理学知识，而是应该通过观察自己、他人和环境来建立一种常识性的理解。

接下来的部分并没有完全揭示科学已经发现的身体功能，也没有展示这个领域的所有专业知识。相反，我会尽可能避免使用医学术语，目的是给没有医学背景的人提供清晰和足够的信息，让他们开始自我护理肌肉和管理功能障碍问题。

尽管我想尽量缩短理论部分，但我还是给了它一些篇幅，以便与你分享足够的信息。首先，让你测试我的观点是否正确；其次（并且也是更重要的），支持你并让你进一步理解一个特定动作对你有利或有弊的深层次原因。

直接投入行动是很诱人的，当然，你可以这样做。但是，也许在某些时候，当你为了纠正一些问题而开始练习时，你可能会感到困惑，想要更好地理解为什么一种方法比另一种更好，为什么另一种方法甚至是有害的。然后你可以回到这部分的开始。虽然跳过去读也是可行的，但我建议你先阅读理论章节。

享受阅读，保持活跃，放松。这些主题我们将在后面的部分讨论。

身体是一个整体

任何一种体力活动都需要肌肉活动，这在四肢运动、头部运动、躯干运动中是很明显的。但是许多人并没有意识到，甚至连很多专业人士都对其不太认可。即使是血液循环、呼吸系统和消化系统也与肌肉骨骼系统的功能密切相关，这一点并不总是得到专业人士的认可。事实上，我们的情绪状态也会因肌肉紧张而有所表现。

专业人士通常会从各自的角度参与治疗，然后告诉人们关于肌肉骨骼系统的疾病。各种各样的观点有很多，理疗师、脊椎指压治疗师、整骨治疗师、推拿治疗师和其他人，都以不同的方法和角度研究和治疗肌肉骨骼系统疾病，更不用说医生了，他们每个人都很擅长自己的领域。

对患者来说，这可能是令人非常困惑、非常沮丧的。你所选择的医生不同，即使同一个问题也可能会得到不同的诊断结果、治疗方法以及建议，从一位专业人士到另一位专业人士，一切都在发生变化。更棘手的是，他们都是专业人士，在他们自己的专业领域，毫无疑问，有很多方法可以提供。结构（或者说局部）方法绝对没有问题，通常治疗必须从尽可能了解和治疗结构开始，不管是手法操作（针对触发点、粘连、疤痕组织）还是药物治疗（针对炎症、感染、潜在疾病）。但是，你要知道，这只是永久治疗的开始。

身体的结构损伤并不总是引起疼痛，而疼痛也不总是由结构损伤引起的，对这些事实的混淆是造成大量不必要和有害医疗的原因。当肩膀或膝盖开始疼痛时，完全有理由怀疑是否组织受伤引起了疼痛。

理疗师、按摩师和脊柱指压治疗师通常认为，他们对身体的理解远不像整形外科医生看得那么简单。然而，他们很多针对疼痛的治疗方法同样注重结构性。像脊柱手法理疗或肌筋膜松解术这样的流行技术都是以理疗师的能力为基础，即在短短几分钟内，只用手对硬组织（骨头、肌肉和筋膜）做出重大而有意义的改变。虽然这些治疗方法有时有助于帮助缓解疼痛，但这种缓解不太可能是由于目标结构发生了有意义的改变而引起的。

从功能的角度来看，很多治疗师和医生以及患者在能够缓解和控制症状时往往会感到满意。有时候对疼痛处理方式很有效果，医生和患者对此非常满意。然而，这种疼痛的缓解只是暂时的，症状也只是短时间得以缓解，之后又会复发，有时甚至更糟糕，有时略有改变，有时以不同的形式复发。这些症状常常变化多端，以至于人们看不到它们之间的相互关系。

从功能性角度来看，肌肉骨骼系统的功能紊乱，以及与生活和运动表现相关的功能性问题，需要从整个身体的角度加以分析——身体一个部位的功能紊乱可能导致或引起身体其他系统的问题。

所有身体的功能性都依赖于肌筋膜组织的良好运转。神经系统的功能就是协调以及控制所有的一切，并对身体所有系统之间的适应机制做出回应。它启动身体的所有功能，当它与各种环境和挑战相互作用时，它又会协调和控制所有的适应和补偿机制。人体也会根据其运动模式得以运转，在此，身体各个部位也会参与其中。同理，所有身体功能总是引发身体所有系统相互作用。

许多运动损伤以及肌肉骨骼疼痛症状源于肌肉链的另一部位的功能失调，疼痛的部位通常并不是真正受伤的部位，因此，仅仅治疗症状或疼痛部位并不能真正解决问题。只有治本才能达到持久的效果。

神经系统在身体功能方面起着中心作用，它对功能失调的起因和病理状况有非常重要的意义。我们的自主神经系统是独立的，但被视为两个单位。它们不是对立的，而是相辅相成的。大体说来，副交感神经（其主要作用是放松、恢复）有助于身体的再生，并且对身体也有着长期的调控作用。交感神经也会根据身体的当前需要加速其运转（要么战斗，要么放弃战斗）。

许多躯体功能障碍的根源在于肌筋膜系统。功能障碍的持续时间与肌肉和组织系统密切相关。无论呼吸、血液循环、消化或情感表达，肌筋膜组织都是我们需要首先考虑的因素。肌筋膜几乎参与了我们所有的动作，如跟其他人交流等，毫不夸张地说，它们已经融入我们生活的方方面面。

现在，我相信身体是作为一个整体做出反应，这一点已经很清楚。不管它是处于健康状态还是处于生病状态，整个身体都会参与每一个过程。举个例子，尽管某些肌肉对我们的呼吸起着主要作用，但是身体的所有肌肉都会参与其中，而不仅仅是主要的呼吸肌群。我们所有的肌肉都有助于消化和血液循环。

从头到脚，我们整个身体都遵循着和谐的功能链。人体整体性的科学证据和采用整体方法的主要论点都是基于筋膜组织的解剖。身体中不同层次的筋膜各自形成了一个单独的壳，将整个身体分开并结合在一起。因此，一个部位的张力或压力的变化会在整个组织群上有所反映。

我们的肌肉骨骼系统由肌肉和骨骼构成。它必须同时对应两个相互对立的活动。一方面，它必须确保身体的稳定性；另一方面，它必须允许其参与运动。

肌肉是上述活动的主动执行者。充足的基本肌肉张力、良好的反应能力，以及肌肉张力的协调性，保证了动作的流畅和谐，同时也能对动作进行准确、微妙的调整，使我们能够保持平衡。

体内平衡是指使肌体内部环境保持相对不变的状态。体内平衡使身体功能达到最佳状态以保持和改善健康。这不是一种静止状态，而是一个不断变化的适应过程。当发生功能紊乱时，整个身体会做出反应然后试图修复它。

为了使身体能够和谐地进行运动，肌肉必须协同工作。它以这样的方式完成任务：肌肉在身体部位相互支持的运动链中运转，神经系统激活肌肉参与运动，肌肉、肌腱、筋膜和关节囊中的传感器传输运动指令和信息，从而能够协调、适当地适应变化。

疼痛的诱因：功能失调

既然我们已经大致了解了身体里的“万物”是如何相互影响的（例如在移动的火车上久站或久坐会引起肌肉的紧张，踝关节疼痛可能是由髋关节疼痛、僵硬或不稳定等问题引起的），现在就来看看这些筋膜功能障碍是如何表现的。

肌筋膜张力影响传感器、血管和神经。因此，身体某一部位的过度紧张往往会引发许多其他的功能障碍，干扰新陈代谢，从而也干扰肌肉的能量摄入和渣状物质（乳酸）的消除。随着时间的推移，这会导致组织结构的变化，我们可以用手触摸来感觉这些组织，从而对其进行观察和识别。这些被改变组织的部位被称为诱发点，如出现水肿和纤维瘤（某些部位对水肿特别敏感，如腋窝、腹股沟、膝背和上腹部）。

肌筋膜张力还可以改变腹部和胸部之间的压力，从而直接影响胸泵的运作——心脏的功能。因此，一些与心功能障碍相关的疾病并不源于心脏本身的功能，而是肌肉和运动问题的连锁反应。（当然，如果你有任何明显的心脏症状，我强烈建议你在考虑其他可能性之前先去咨询心脏病专家）

身体的静止状态总是融合了灵活性和稳定性。在此，肌筋膜链就像发动机一样运转。某些特定肌肉上不当的负荷和超负荷会导致不正确的姿势和功能失调（使用错误的肌肉做某些动作或达到暂时的平衡和舒适），组织中的张力会引起改变：血液通过组织循环，然后影响随后这些结构的运转。随着时间的推移，这些细小的改变会导致功能性和结构性的损伤。

所有的生化、生物机械和心理障碍都会影响我们的肌筋膜功能，因为我们总是在使用我们的肌肉，无论是微小的、难以察觉的运动，还是有意识的活动，都会导致肌筋膜功能障碍。做清洁时过度弯腰，在某项运动或日常活动中过度伸展，都会增加局部肌肉紧张。这种增加的紧张感减缓了身体消除肌肉中积累的乳酸的正常速度。它还会导致肌肉局部缺氧，其严重程度取决于紧张程度。

先前的因素会引起紧张加剧，也会引起疼痛。这种疼痛和紧张感会进一步加剧，从而导致炎症或慢性刺激。炎症导致结缔组织和黏附物的分泌有所增加，从而使身体产生硬结和缩短肌纤维。由于身体总是作为一个整体做出反应，筋膜长时间紧张，身体其他部位也会出现张力，从而影响淋巴和血液循环。肌肉功能失调会导致身体不协调，甚至会干扰呼吸和消化。如果这种情况持续很长一段时间，身体就容易出现许多不同的急性疾病，而且无法自我恢复。

我们每个人都是不同的。据说人有不同的痛阈。根据科学研究，其中部分是正确的。人在生理痛觉上有一些差异，但没有人们想象的那么多。相反，心理痛觉差异则很大，同一个人的痛觉在不同情况下差异也很大。

当运动员在运动中动机强度较大并且专注于重要任务时，他经常感觉不到疼痛，甚至当疼痛发生时如果他还想完成任务，他可以将疼痛从脑海里排除。但是，疼痛不只是功能失调的唯一限制性因素。有时候，无论你多坚强，肌肉就是拒绝继续运动。功能障碍表现为肌肉痉挛、疲劳和虚弱，更不用说由于补偿机制，身体其他部位所暴露出的高风险受伤概率。

如果一个人无法理解和意识到疼痛的根源以及本质，也就无法控制疼痛，而且，疼痛还会加剧。另一方面，如果疼痛可以被理解、定位和识别，那么就有方法控制疼痛，即疼痛是可控的。

如前所述，大多数人都有颈部和肩部疼痛或酸痛的症状，并且很多刺激性和连续性的疼痛症状很难准确对其定位。我们有很多问题来了又走，有时候很快，有时候很慢。这或多或少取决于我们一直在做的事，有些疼痛很常见，并且非常相似。疼痛有时候很剧烈、很烦人，所以我们经常向不同的专业人士寻求帮助。医生往往会提供止痛药，按摩师给我们按摩，针灸师给我们扎针，手法理疗师对我们的关节进行推拿……这通常会起作用。不幸的是，大多只是暂时的，问题经常会再次出现。为什么呢？原因很简单，因为这些治疗方法，不管它们现在有多好，都只对症状起作用，而对源头没有影响。在前面的章节中，我们研究了人体的整体性以及它们是如何联系在一起的。我们现在开始关注诱因，即它们是如何产生的，是什么因素维持着它们。之后，我们可以做些什么来管理和预防它们。当然，我也会提供如何区分不同的功能失调的方法，以及你能做什么来管理和预防它们，当功能失调发生时又该何时咨询专业人士。

诱因在内部，很明显是在骨骼肌刺激部位。当它被按压时，会有疼痛反应，这种疼痛通常会引起周围其他肌肉的疼痛和紧张。在其他结构中也有触发点，如肌腱、结缔组织、骨膜等，而不仅仅是肌肉。但是，由于它们不是永久性的，不会出现在某些特定的部位，也不会像肌筋膜或肌肉触发点那样引起放射状疼痛，所以我们在这里不做太多研究。

触发点可分为主动触发点和潜在触发点。主动触发点无论是在休息、运动还是按压时都会引起疼痛，潜在触发点只有在按压时才会引起疼痛，即使所有其他的触发点诊断特征都被找到，潜在触发点也会隐藏数年，然后当环境改变时，它才会变得活跃。这样的改变可能是由于肌肉的紧张（过度拉伸）或肌肉突然负重或肌肉持续超负荷。

由潜在的触发点引起的功能障碍有时会揭示我们的姿势和运动模式是如何随着时间的推移而恶化的，以及为什么我们经常会突然感到疼痛，比如肌肉痉挛，这常常让人感觉像是受伤了，但实际上并没有任何受损的结构。然而，还有其他一些原因，如不良的活动、重复性的动作等引起的肌无力，同时，一些不良习惯也会引起身体的不平衡。基因因素不可忽略，但这是另一个话题了。

当在特定的体式或做特定的动作感到不舒服、紧张、虚弱或疲倦时，我们会不知不觉地改变姿势或动作路径以避免这种不舒服，这就叫补偿机制。这也解释了身体不良姿势和不平衡是如何随着时间的推移而发展的。因为在此我们研究的是不良肌肉功能引起的疼痛以及由此产生的姿势紊乱问题，当我们想要追求持久的治疗效果，补偿模式就是我们感兴趣的主题。

我相信你已经很了解自己的身体。你可能一直都清楚你的膝盖、臀部或腰总是隐隐作痛；你可能已经注意到你的左肩比右肩低了一点，也许还有点前倾；你可能已经意识到你的膝盖（或身体的另一部位）是向内弯曲的（也许事实并非如此，我们只是举例说明一下）——总之，在某种程度上，你非常了解自己的身体。但是，迄今为止，你还没对此担心过，或者认为它非常重要，并且与其他的疼痛息息相关（如头痛）。但是现在，是时候对它们进行整体性思考了。

本书中有大量关于如何安全开始运动的指导和建议。当涉及诱因治疗方法时，其深层原因在于姿势的不平衡，除了锻炼，没有更好的方法来纠正不平衡问题。

我想回顾之前我提到过的，治疗过程需要时间。耐心一点，给时间改变，几周之后你就能看到并感知到一些变化。

有一些症状指向触发点的存在。例如，不管是主动还是被动伸展触发点的肌肉，很明显，这一块的肌肉都会受限，并且感觉到动作很僵硬。当与另一侧的肌肉相比较时，明显可见肌肉无力和快速疲劳。其中的原因是新陈代谢受损和肌肉紧张导致的缺氧。这些症状在几小时内甚至每天都在发生变化。

肌肉长时间休息或不活动往往会出现僵硬。久坐之后开始运动以及早上起床时，通常会出现肌肉僵硬或肌肉疼痛现象。早上我们通常会感到肌肉僵硬，但是活动一小会儿之后，血液开始正常流通，肌肉开始热起来。然而，与正常情况不同的是，触发点疼痛持续的时间更长。当你学会观察时，由触发点引起的肌肉僵硬、酸痛和疼痛可以被精确感知和定位。

当问题持续较长时间时，症状通常会有所不同。有些症状我们乍一看不会认为是由肌肉功能障碍引起的，比如局部出汗、流泪和流鼻血。问题部位的皮肤会变得非常敏感。平衡障碍、头晕以及肌肉协调性减弱也是非常常见的症状，但通常并不被认为是导致肌肉功能障碍的原因。这些症状是触发点放射痛造成的结果。

一般来说，任何影响肌肉功能和造成肌肉骨骼系统紧张的因素都可能是肌肉功能障碍的根源。所有的治疗和调节都是一个过程，并遵循它自己的生物时间表。骨折需要时间来愈合，肌肉、肌腱和关节损伤也需要时间来恢复。我们很难加快这个过程。但是，我们可以极大地影响愈合的质量和结果。

触发点可因肌肉的超负荷而得以发展。如果问题未能得到及时解决，身体就会开始形成补偿机制从而保护受伤的肌肉不再继续承受超负荷。这种补偿机制可能导致其他肌肉负荷过重，从而形成其他疾病。原来的创伤仍然停留在身体里。

此外，内稳态中有一些特定的因素很可能是肌筋膜功能失调以及其他某些持续的潜在原因。

机械因素、系统因素和心理因素都会对肌肉的张力和持续超负荷产生不利影响。系统性因素是指能给肌肉能量产生带来负面影响的因素，肌肉能量的减少会促进触发点的出现并维持它。

显然其中一些因素属于医学范畴，只有医生才能解决。因此，如果你的方法没有达到预期的效果，那么你最好咨询医生以检查潜在的原因是机械性原因、疾病原因，还是缺乏维生素，等等。

机械因素包括：

⊙ 下肢长短不一

⊙ 坐立或站立时不正确的姿势

⊙ 脊柱弯曲

⊙ 颈部肌肉紧张

⊙ 肩胛骨功能障碍

⊙ 髋部 / 骨盆功能障碍

⊙ 上肢长短不一

系统性因素包括：

- ⊙ 缺乏 B 族维生素
- ⊙ 电解质（钙、铜、镁、铁等）平衡失调
- ⊙ 痛风
- ⊙ 贫血
- ⊙ 低血糖
- ⊙ 慢性炎症
- ⊙ 免疫系统异常
- ⊙ 心理压力

心理因素：

有研究表明，情绪压力因素可能是触发点发展过程中最强的刺激因素。在日常生活中，某些肌肉更容易受到刺激（如斜方肌、胸肌、梨状肌）。

在日常生活中，情绪压力表现为持续的紧张。问题往往是，在症状出现之前我们还没有意识到紧张。然后，它又不能仅仅通过放松或试图改变运动体式，又或者做一些更加积极的事情得以治疗。在训练中，情绪压力也会引起不必要的紧张。

我们能做什么

上文中，我提供了一些信息以便更好地理解我们身体的功能不只是机械的，因此，只靠机械的方法并不能产生良好的效果，只吃止痛药或补充维生素和其他能量也无法解决。人体是复杂的，这种复杂性却可以被发现，而且我们可以在这种复杂性中找到方法。

很多时候我们只见树木不见森林，现代医学被分解成越来越细的分支，使人类健康得到巨大的发展。不幸的是，有时候全局被忽视。很多不同形

式的理疗手法也是一样的，因为它们往往只关注局部问题。肌筋膜疼痛的治疗方法有很多，其中一些方法具有自我保健作用，拉伸就是其中一种。然而大多数方法都是专业人士在应用。因为这些方法仅供专业人士使用，所以在此我们不过多谈论。寻求专业人士的帮助通常是好的，甚至是必要的。但是要记住，如果没找到根本原因，快速的“疗效”只是暂时的。

生活中所有的变化在开始时总会给你带来不便。如果你按照这本书的指导开始锻炼，那么首先你的身体很可能会得到各种各样的反馈：疲劳、虚弱、酸痛和疼痛。在这一章中，我的目的是鼓励你勇敢地继续前进，然后了解负反馈的内容以及如何克服它们。当你改变一些事情时，生活或生活状态中某些事情发生变化时，你的身体会以某种方式做出回应。当你开始激活你的身体、心肺和大脑时，你的身体总会以某种方式做出反应。当你开始锻炼时，如果你感到疼痛或虚弱，你的反应一定是认为自己做错了什么，为什么会有这些痛苦，这是非常正常的反应。当然，这个反应也是机警的反应。首先，忽略身体的反应是一件非常愚蠢的事情。因为很可能你确实做错了事。然而，这并不意味着你的新的生活方式就是错误的。不幸的是，很多人认为锻炼对自己没好处或不适合自己就放弃了。

在这种状况下，我们所有人都需要支持、理解正在发生的事。我们需要鼓励、灵感和创造力。为什么我们需要创造力？任何训练指导和建议都不能涵盖各种环境中的各种状况和各种差异性，因此，我不太喜欢给出准确的训练方案。但是我们肯定需要方案，有一些问题是我们需要处理的，特别是在开始时。下面我们将进入这一章的重点部分。

如果做某个动作让你感到不舒服，或引起疼痛时，你会如何反应？你会停止运动吗？很好！你会放弃这个动作还是停止整个运动计划？我希望不要这样。发挥你的创造力，然后想想是否可以通过一些调整来做这个动作，如调整角度或身体的姿势、运动范围等。是减少阻力还是少做几次？当做出调整之后你的感觉又是怎样的？有时候运动完的第二天你会感到酸痛或疼痛，这是否意味着这个锻炼对你没有好处？如果你恢复过来后再做一点轻松的动作，看看会发生什么？这是一个逐步、逐日进行的过程，在此你会根据自我评估，学习如何继续前进、逐步安全增加负重、延长训练时间。反之亦然，如果没有进展，并且你也没有达到预期的效果，那么也许是时候增加一些东西了，如训练时间、负重或重复次数。

你可能会突然感到某些局部疼痛加剧，然后为此甚是担忧。如果疼痛非常严重，你最好咨询专业医生，但如果疼痛持续时间非常短，你就无法判断它是否很严重。以下有一些建议：如果调整一些角度让你感觉更舒服的话，那么减轻负重，减少重复次数。无论你做什么决定，重要的是去直面问题而非逃避问题，千万不要相信眼不见心不烦。虽然它总是宣告自己的存在，并且经常是以一种讨人厌的方式，但是它从来都未成功过。

到目前为止，我们已经从机械的角度研究了肌筋膜问题。如上所述，引起肌筋膜功能障碍还有其他原因，根据我的经验，系统和心理因素甚至比机械因素更重要。系统因素不仅与营养有关，也与我们身体的一般状况密切相关。即使我们的营养没有任何问题，我们的身体仍然有可能无法吸收所需的能量、维生素和矿物质。令人惊讶的是，引起局部疼痛的根本原因往往是酒精。虽然肉眼很难轻易看到，但是酗酒确实对整个身体机能和肌肉功能有着极大的影响。

在现代社会，其潜在因素还包括压力。压力往往看不见，但的确会影响生理和身体系统机制。交感神经系统和副交感神经系统一直在寻求自我平衡，而如何实现自我平衡取决于我们的行动。在其他功能中，副交感神经系统负责消化。持续的交感神经系统过度活跃会产生持续的紧张（交感模式），因此副交感神经系统不能正常工作，重要的维生素和矿物质就不能被身体吸收。

在本章的开头，我提到我们对颈部和肩部疼痛是多么熟悉。我们一直在通过理疗师从人体工程学层面寻求解决办法。毫无疑问，用这种方法我们可以解决很多问题，但对在我们头脑里发生的大多数事情并不会起到很大的作用。好好休息，然后在白天做一些书中的动作，放松你的身体，跟着感觉走。如果没有放松的感觉，那么尝试一些其他的动作。学习本书的动作，其余的就看你自己如何应用适合你的练习了。

什么放松方法或锻炼最适合你？我不知道。但我确信从这本书中你可以找到很多适合你的例子或灵感。不要把任何建议当作是理所当然，但是你可以进行尝试。如果它有效果，把它应用到你自己身上；如果它没有效果，忽略它，然后尝试另一种。

要想达到持久的效果，需要将眼光放长远一点，不幸的是我们常常是如此短见，如只要问题一解决，疼痛一消失，我们就会感到很满足，从而忘记问题出现的根本原因，直到问题再次来临。如此反复，直到有更严重的损伤发生，如关节骨折、肌肉损伤、持续炎症引起的骨刺，以及肩膀只能在有限的范围内活动，等等。很明显这些问题都需要令人吃惊的治疗方式，而这些治疗方法如手术，会对身体结构造成影响。自我保健从任何时候开始都不晚，虽然进程有点缓慢，但值得。

按照书中的建议，给自己一些时间来进步，注意所有的因素，并在日常工作、锻炼、营养和休息方面做出必要的调整。相信你一定会收获健康，并且重塑你的身体！